**黒田達朗**=著
Tatsuaki Kuroda

日本交通政策研究会研究双書38

# 都市の衰退と再生

URBAN
DECLINE
AND
REGENERATION

日本評論社

# はじめに

　グローバリゼーションの進展と、それに伴う比較優位に基づく国際的な産業の分担の拡大・深化の影響もあり、地理的な集積の利点を求めて世界的に都市化が進んでいる。しかし、比較優位の原理が示唆するように、自国の技術が変化せずとも、他の国の技術が変化すれば自国が分担すべき産業は変化する。代表的な事例としては、第二次世界大戦後に日本が繊維産業によって復興を遂げたために起こった「日米繊維摩擦」が挙げられるが、その後、繊維産業の優位性は韓国から中国へと遷移し、現在ではバングラデシュ、ベトナム、インドネシアなどの東南アジアに生産の中心がある。アメリカ合衆国（以下、アメリカと略）における繊維産業の衰退はニューヨーク市のグリニッジ・ビレッジやソーホーの工場を廃墟としたが、その後、衰退した低家賃のビルに若い芸術家が住み着くことで、その周辺は次第に街として蘇った。さらに、日本が家電製品、自動車などの比較優位を奪うと、デトロイトやピッツバーグといったアメリカ北東部の地域に集積した製造業は衰退しラストベルトと呼ばれるようになった。家電や鉄鋼をはじめとする製造業も次第に韓国や中国へと移行し、今やテレビやパソコンに用いる日本製の液晶モニターも消滅してしまった。経済理論的には、比較優位に基づく国際的な分業の発展は貿易を行う両国に利益をもたらすが、このような産業構造の変化は従来の産業が立地した都市や地域、並びに新たな産業が立地する都市や地域へ大きな影響を及ぼす。

　私が初めてアメリカを訪れたのは1980年代半ばであった。当時、京都大学経済研究所教授であった故・瀬尾芙巳子先生から、ケース・ウェスタン・リザーブ大学で行われた約5日間の講習会への参加を勧められたことによる。クリーブランド空港から大学近くの駅まで、高架の電車の窓から見える工場の廃屋を眺めながら、「日本ならすぐ用地を再利用するのに、アメリカは土地が豊富だから潰れた工場もほったらかしにしている」などと思った記憶が

ある。後から思えば「ラストベルト」の片鱗を垣間見たわけである。その帰路に立ち寄ったペンシルベニア大学への留学を、同大学の教授であった藤田昌久先生から強く勧められた。当時、ペンシルベニア大学には、故・ウォルター・アイザード先生が設立した地域科学科（Dept. of Regional Science）があり、そこで都市経済学をはじめ経済学の諸分野を本格的に学ぶこととなった。クリーブランドでも「ダウンタウンは危険なので近づかないように」との指示を受けたが、フィラデルフィアでも私が滞在した2年間の前後に大学の周辺で学生が殺される事件が起こり、日本とは違って犯罪のリスクを身近に感じる毎日を過ごした。治安の悪さから郊外への移転を主張する大学教員もいたが、大学まで移転すると市内の治安はさらに悪化するとの理由で市長が反対したこともあり、結局、学生の送迎バスの運行などの危険回避策を導入したりしながら、キャンパス自体は移転せぬまま、都心と治安の悪い西地区の緩衝地帯として存続している。その後、ハーバード大学エンチン研究所の客員研究員としてケンブリッジに滞在する機会を得たが、大学付近のアパートでの暮らしは日本と同様に安全で、アメリカの都市による極端な治安の違いにいささか驚いた記憶がある。ただし、ハーバード大学やマサチューセッツ工科大学など世界でもトップクラスの大学があり、従来からコンピュータなど先端技術では優位にあったマサチューセッツ州であるが、大規模な企業があまりないこともあり、近年は圏外への人材流出の抑制策が主要な課題として取り上げられることも多い。

　私が最初に都市問題への関心を持つきっかけとなったのは、高校時代の自由課題で「なぜ、日本の都市は雑然として醜いのか？」というテーマでレポートを書いたことである。テレビや写真で見るヨーロッパの都市は、石造りの端麗な建物が並び街路や街全体が整然としているが、日本の街並みは区画ごとに建築物の高さやデザインもまちまちで、当時の私は都市計画の不備に原因があると思っていた。大学進学後は、交通計画や公共事業の経済評価などが専門分野となったが、都市の形成原理やデザインなどの分野を学ぶ機会は必ずしも多くなかった。その後、上述のように、ペンシルベニア大学で都市形成に関する経済理論を学ぶことができたが、ロンドンの街並みの美しさの基盤を成しているのは、行政の都市計画や競争的な市場メカニズムではな

く、未だに少数の貴族が中心部の不動産を寡占的に所有していることにあると気付いたのは、40代も終盤になった頃に、文部科学省の在外研究員の奨学金を得てロンドンに滞在した時である。現地の文献にあったような、「どの地点から、どの場所や建築物が見えるようにしなければいけない」といった、複雑で厳格な高さ規制は、確かに日本にはないものである。しかし、パディントン駅近隣のテラスハウスで生活しながら、市内の建築物や不動産価格などを観察する中で、個々のアパートは一見異なる所有者が賃貸しているように見えるが、実際は本来の所有者（freehold の所有者）が100年単位などの期限付きの使用権（leasehold）を販売し、その期間内の売買や貸借は自由であるが、期限が切れた段階で本来の所有者へ返却するという制度が基盤であることに気付いた。第1章でも触れるが、ロンドンの場合は特に4貴族が中心地の freehold を有している。例えば、仮に東京都杉並区の不動産を1人の個人が所有している場合を想像すれば、区全体の不動産の価値を高めるために、街路の整備だけでなく、ブロック単位で建築物のデザインを統一し、美しい街並みを形成するよう当然努めるであろうことは理解できよう。現在でも、ロンドンの街並みを絶賛する建築系の研究者は多いが、富の偏在が背景に存在することも認識すべきであると思われる。

その影響もあり、私自身は日本の街並みを特に醜いとは思わなくなったが、本書で取り扱う都市の衰退と再生は、まさに上述のような産業構造の影響だけでなく、建築物の経年劣化などへの対応も課題となる。例えば、京都の木造の町屋が並ぶ通りは、観光客から見れば興味深いが、築75年以上の木造建築として劣化は甚だしいのが当然であり、建築基準法の例外規定や種々の補助金があるとはいえ、建て替え以上の改修費や維持管理費を、所有者だけでなく地域が負担しなければならない。まして、外見にも特徴がないコンクリート造りのビルは、ヨーロッパなどに多い石造りの建築物に比べると劣化も早く、50年ほどで大規模改修や建て替えを行わなければ周辺の居住環境や不動産価値へも負の影響を与える。不動産価値の変動に伴って、入居する企業や個人の性質も変化し、一つの街区が永遠に同じ性格を維持することは不可能に近い。その点で、都市は人間が作り出したものとはいえ、それ自体が「生き物」なのであり、第2章で紹介するように、スラムを「癌細胞」に擬

したアメリカの論争は、都市という「生き物」を対象とした「病の治療法」をめぐる意見の対立がもたらしたものである。

上述のように、長年にわたり都市経済学を専門にしていることもあり、学会などで世界各地へ行く機会に自分の足で現地を見て歩きながら各都市の状況を確認することが習慣となっていた。本書の執筆の構想が芽生えた時期には、最近のシリコンバレーの状況やイタリアの衰退した工業都市の代表例でもあるトリノなどの状況を把握するために、現地調査を計画していた。そのため、文部科学省の科学研究費なども頂戴していたが、折からのコロナ禍によって海外出張も不可能な状況が続き、最終的な現地での調査は実施できず、文献やインターネットの情報に頼らざるを得ない箇所が多くなったことは残念である。もし、現地調査の機会が今後あれば、現状の再確認なども是非行いたいと思っている。

本書の出版に関しては、日本評論社の小西ふき子様に大変お世話になった。これまでも、教科書や翻訳書の出版の際に、出版社の方には種々お世話になったが、今回は完全な単著であり、内容も章によって様々であることから、小西様のご示唆、ご指示がなければスムーズな刊行も難しかったであろう。また、以前より著作の出版を強くお勧めいただいていた斎藤博様には、日本評論社退職後にもかかわらず、小西様をご紹介いただくなどご協力を賜り、感謝申し上げたい。

最後に、公益社団法人日本交通政策研究会には、長年にわたって個人的興味に沿った様々な研究を助成していただいた上、今回は本書の出版に関する多大な援助を頂戴した。ここに、謝意を表したい。

2025年3月

黒田　達朗

v

# 目　　次

はじめに　i

## 第1章　都市の盛衰を巡って――――――――――――――――1

1．都市化の進展と都市の盛衰　1

2．アメリカにおける人種とジェントリフィケーション　4

3．衰退と再生に関する学説と政策的対応　7

4．アメリカにおける産業構造の変化と所得格差の拡大　11

## 第2章　都市の再生を巡る闘争とその後：ニューヨークの事例――15

1．はじめに　15

2．ロバート・モーゼスについて　16

3．ジェイン・ジェイコブズについて　20

4．ルイス・マンフォードについて　26

5．その後のニューヨークなどの変化から見た三者の再評価　29

6．エンパワーメント・ゾーンによるハーレムの再生　36

## 第3章　ヨーロッパにおける都市の衰退と再生――――――――45

1．ロンドンの事例　45

（1）東ロンドン（イーストエンド）　45

（2）カナリーワーフ　52

（3）オリンピック・スタディアム周辺　54

2．トリノの事例　56

3．ヨーロッパの事例による示唆　61

vi　目次

## 第4章　地理的な所得格差と企業の移転——————————63

1．シリコンバレーの成長　63

2．近年における企業立地の変化　68

3．結論と今後の課題　76

## 第5章　ラストベルトの再生——————————79

1．衰退から再生への道　79

2．ピッツバーグにおける産業と地域の再生　80

（1）基本的状況　80

（2）復興の経緯　85

（3）今後の課題　91

3．デトロイトにおける産業と地域の再生　99

（1）基本的状況　99

（2）復興の経緯　104

（3）今後の課題　115

4．結論と今後の課題　118

## 第6章　日本における人口集中と課題——————————121

1．三大都市圏への人口集中　121

2．近年における国内の人口移動の状況　122

3．名古屋圏における人口移動の状況と対策について　126

4．大阪圏における人口移動の状況と対策について　134

5．結論と今後の課題　136

## 補論　都市的土地利用の理論——————————139

おわりに　147

参考文献　153
索引　169

# 第1章

# 都市の盛衰を巡って

## 1. 都市化の進展と都市の盛衰

　産業構造の主要部分が農業から工業やサービス産業へ移行する中で、図1.1に示すように全世界的に都市化が進展しており、先進国ではすでに約8割の人が都市に居住している[1]。

　なぜ限られた空間に固まって居住するかについては、歴史的要因や自然地理的な制約も含めて個々の特殊な理由も存在するが、基本的には地理的・空間的に高い密度で居住・立地することで経済的な利益を生み出すメカニズム、つまり正の外部効果がその根底にある。しかし、近接して居住・活動することで、負の外部効果が生じることもあり、所得や人種などの違いが多くの問題を生起させる場合もある[2]。したがって、国や地域によっては、一時的な措置も含め人種ごとに居住する地区を分離したり、逆に混合居住を推奨したりする政策が実行されている事例も多い。

　他方では、住居や事務所、工場などの構造物は経年劣化し、他の条件を一定としても不動産の価値は下落していく。特に、地代・地価は、上部の構造物の質はもとより、インフラを含めた周辺の様々な正負の環境を反映する[3]。したがって、比較的若い住民は次第に所得が高くなるのに対して、住宅建築

---

　1）「都市」の詳細な定義は国によって異なっている。
　2）例えば、隣の住宅の庭で生育されている花を愛でる時は正の外部効果が働くが、隣の住宅から騒音が聞こえる時は負の外部効果となる。
　3）これを資本化（capitalization）と呼ぶが、詳しくは Kuroda（1994）などを参照されたい。

図1.1 世界的な都市化の動向

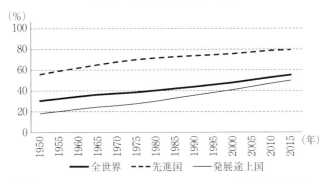

（出典）United Nations, World Urbanization Prospects: The 2018 Revision

の方は次第に劣化していくという、住宅の需要側と供給側の逆方向の経済的変化が都市の衰退の基本的原因と考えられる。不動産の所有者がある程度定期的な補修に努めたとしても、一定の年数が経たなければ大規模な修繕工事は行われないのが一般であり、その間に所得が増加した住民は、出産により家族が増えるといったこともあり、より広く質の高い住宅への転居を望む。需要の減少や建物の劣化を前提とすれば、賃貸料の低下は当然であり、より所得の低い家計が転入することも自然な経済現象と考えられる。したがって、所得格差の大きい国では、所得と犯罪発生率の相関が高いため、地域的な住民の所得低下に伴って地区の治安も悪化する。このような地域環境の悪化に伴い、比較的所得の高い層はさらに地区外へ転出してしまい、ますます住民の低所得化と治安の悪化が進行する[4]。さらに、残された低所得層も、あまり不動産価格が高くなく、かつより安全な地域を求めて、郊外も含めた他の地区へ次第に転出するため、最終的に空き家が多く治安の悪い地区が取り残されることもある。このため、治安の悪化など負の外部効果で住宅の評価が一定の水準以下になると、不動産会社や住宅の所有者は大規模なリノベーションや警察権力の助けを借りて治安の改善を試み、自らの保有する住宅の

---

4）例えば、田口（1978）や成田（1978）はアメリカの郊外化を詳細に検証している。

図1.2　ミューズ

（出典）https://ameblo.jp/peraperaopera/entry-12644673695.
html（撮影者の許可を得て掲載）

資産価値の回復に努める場合も多い。

　しかし、不動産の安価な地区は、再開発や若い芸術家の流入に伴う文化的な雰囲気の醸成などによって、より所得の高い層が流入し、治安を含む居住環境が改善することもある。このような現象では、地区の再生によって結果的に家賃が上昇することにより、むしろ低所得層の居住が困難となることもあり、「ジェントリフィケーション」として批判されることも多い。

　ジェントリフィケーション（gentrification）という定義ないし概念は、Glass（1964）が、当時、ロンドンの中心部において、修復されたテラスハウスだけでなく、ミューズという本来馬屋だった建築物が改修されて洒落た住宅として利用されるようになり（図1.2）、次第に住民も低所得層から中所得層に移行している現象を指摘した際に用いたことに始まる。イギリスには今でも貴族階級が存在し、その多くは大規模な地主でもある[5]。ジェントリー（gentry）の定義については、爵位を有する貴族ではなく、所有する土

---

5）したがって、イギリスでは不動産の所有構造が他の資本主義国とは大きく異なるため注意が必要である。詳しくはCahill（2001）、黒田（2003）、長野（2020）など参照のこと。

地や財産では劣る中小地主を指したが、次第にそれらを総称して地主貴族階級（ジェントルマン）と呼ぶようになったらしく、Glass の命名の背景にも爵位貴族のような高所得層ではなく中所得層の転入のイメージがあったと思われる[6]。しかし、その後、多くの研究者が世界各地の類似した現象を指摘し分析の対象としてきたことから、都市の衰退と再生に関わる一般的な用語として用いられるようになっている。ただし、そのような現象が起こる理由や、その社会的影響については種々の類型、主張が見られ、思想的立場によっても肯定的解釈と否定的解釈に分かれている。

## 2. アメリカにおける人種とジェントリフィケーション

アメリカについては、Gale（2021）が自らの経験に基づき、最初の老朽化で家賃が低下した白人の居住区へ黒人が転入する際にもコミュニティの拒絶反応があり、逆にジェントリフィケーションの始まる時期に転入しようとする白人に対して近隣の反感が見られることから、都心の衰退と再生のプロセスは循環的なものであり、その変異過程では、必ずコミュニティに摩擦が生じることを指摘している。また、彼によれば、一般的にアメリカのジェントリフィケーションは1915～1980年にかけては小規模な住宅のリノベーションが主流であり、多少の賃貸料の上昇は近隣の住宅供給で十分補完されたが、1980年代以降、行政機関や不動産業者による大規模な再開発が増え住民間の対立や転出を招いたとして、ジェントリフィケーションの時代による本質的変化を指摘している。さらに、行政機関が再開発を主導した原因として固定資産税（property tax）の増分による税収の確保を挙げている。アメリカでは公立学校をはじめとして、その地区の税収で独立採算的に必要経費を賄う場合が多く、低所得者の居住地区である都心部に劣悪な住宅と治安の悪い地区が発生するというインナーシティ問題による税収減は、それらの行政サー

---

6）貴族などの階層については君塚（2024）参照のこと。また Hamnett（2003）は、ジェイン・オースティンの小説に登場する田紳階級を念頭に置いた表現と解釈している。

ビスの質を低下させ、さらに中所得層の流出を招くなど悪循環に陥る可能性が高いことは事実である。また、行政機関の方針も以前はクリアランスと建て替えが中心だったが、1970～1980年代には保全・修復に重点を置くようになったと述べている。

　アメリカでは、南北戦争後の奴隷解放により、19世紀末から20世紀初頭にかけて、アフリカ系アメリカ人が徐々に南部から北部へ移動したが、それにより、逆に居住していた白人が大量に他の地区へ転出したことを「ホワイト・フライト（white flight）」と呼ぶ。Lees, et al.（2008）によれば、ニューヨークのブルックリンでは1940～1970年代にかけて、すでにホワイト・フライトが起こり、68万2,000人の白人が郊外へ転出した[7]。その後、ブルックリンのパークスロープでも黒人やヒスパニックが増加し、1950年に90％を占めた白人が、1990年には52％まで減少した。パークスロープの白人はロングアイランド、ニュージャージー、スタッテン島へ転出した。部分的には税制による持ち家促進政策の影響が見られるほか、高速道路の建設が進み郊外での住宅建設が増加したことも影響している。また、当時は皮肉なことに生活保護受給者の方が高い家賃を支払うことが可能だったことが、パークスロープの人種構成に影響を与えたと言われている。この間、1975～1977年にかけてパークスロープの環境は特に劣悪化し、イタリア系やプエルトリコ系のギャングの抗争や麻薬取引が横行したため、行政機関の援助も受けて自治組織や不動産会社が地域の再生に取り組んだ。不動産会社の場合は保有している賃貸住宅が低所得層の入居や治安の悪化とともに荒廃することにより、賃貸料収入が減少したため、リノベーションなどにより収入の回復を目指した例も多い。また、都市定住奨励政策の一種である「sweat equity」制度として、荒廃した建物に入居した者が、そこを修復した後、一定期間居住すれば所有権を与えられるという仕組みが一定の効果を発揮した。ロウアー・イースト・サイドなどでも所有者の不明な建築物に住み着く「スクオッター」が一時多数存在したので、この制度は場合によっては都市再生の有効な政策と

---

　7）ニューヨーク周辺の経年的な人種別の流入や転出については成田（1987a）が詳しい。

なったとも思われる。その後、パークスロープは高学歴の LGBTQ の集積地
となるなど、白人用と黒人用の不動産市場が共存していたが、次第に不動産
業者による改修や再開発が主流となり、低所得層は転出を余儀なくされた[8]。
また、Osman（2011）によれば、パークスロープなどのブルックリンの中
心地区では1966年にテラスハウスを取り壊す動きがあったが、ブラウンスト
ーンの住宅を守ろうとする反対運動が地元から起き、保全・改善運動に結び
ついた。結果的に、現存するブラウンストーンの整然とした住宅地は守られ
たが、1980年頃には中所得層の街になったため低所得層は住めなくなったと
指摘している。同様に、ロンドンのテラスハウスやミューズのように、住宅
自体の素材やデザインに惹かれて、比較的所得の高い中間層が、その地区に
転入する事例も多い。

　また、Brown-Saracino（2010）や Alkon, et al.（2020）も指摘しているが、
多くのジェントリフィケーションの事例において「料理」との関連が見られ
る。第2章で紹介するようにニューヨークのハーレムでも、連邦政府の環境
改善政策による白人やヒスパニックの流入によって、黒人の伝統的なメニュ
ー（ソウルフード）を掲げたレストランは閉店し、全国チェーンやイタリア
ンなどの「洒落た」メニューを提供する店に変わってしまった。また、第3
章で述べるロンドンやトリノの場合も、多民族の料理やエスニックフードが
若いアーティストや IT エンジニアを惹き付けるなど、ジェントリフィケー
ションと「料理」との相関が高い。最近は、さらに、ベルギー・ビールやエ
シカルフードなども注目されている。しかし、当然のことながら伝統的な飲
食業の労働者はそれによって職を失い、転居を余儀なくされる。

　また、ブルックリンのパークスロープの一部でも LGBTQ の集積が見られ
たが、オレゴン州のポートランドでも、あるコーヒーショップの経営者が
LGBTQ の顧客に対して非常に寛容との噂が広まり、周辺に多くの LGBTQ
が居住するようになったという事例が紹介されている[9]。これも、その地

---

　8）例えば、Brown-Saracino（2010）、Krase and DeSena（2020）、森（2023）などを
　　参照されたい。

区が一種の自由な雰囲気を醸し出す要因になっており、一人親世帯、高齢者への許容度も、同様に住民の誘致に影響している。

## 3. 衰退と再生に関する学説と政策的対応

ホワイト・フライトと同様に、言葉のニュアンス自体が差別的との指摘もあるが、都市の衰退・再生を巡る議論の代表例としては、下記のようなホーマー・ホイト（Homer Hoyt）の「フィルタリング理論（filtering theory）」が挙げられる（Lees, et al., 2008）。

①最初に都心に住み着いた人が、所得の上昇とともにより良い居住環境を求めて郊外の戸建て住宅へ転出
②都心の住宅の老朽化
③新たな低所得層が転入
④次第にスラム化
⑤住宅のリノベーション
⑥賃貸料上昇
⑦ジェントリフィケーション
⑧低所得層の転出

アメリカの場合、北部の都市では、最初に都心に住み着いた人々が白人であり、住宅ストックの老朽化とそれに伴う不動産価格の低下によって、後から都心へ転入するのが黒人という場合が一般的であった。上述のように老朽化やスラム化は周辺にも多大な負の外部性をもたらすので、ホイト自身は部分的な改修ではなく全面的なクリアランスと建て替えが必要と主張していた。この点では、第2章で紹介するロバート・モーゼスのような行政官の主張と

---

9）また山崎（2016）によれば、LGBTQ に寛容な社会がポートランドの再生に繋がっている。

の一致が見られる。また、当初の都心の開発時点では用途別の土地利用規制が不十分であったため、環境問題も都心の魅力低下に拍車をかけたと言われている。同じく次章で紹介するジェイン・ジェイコブズは、主として1950～1970年代にかけてのニューヨークの再開発や都市再生を庶民の日常生活の観点から考察し、ロバート・モーゼスに代表される公的な再開発に反対したが、1980年代にもジェントリフィケーションを巡る民衆と公権力の衝突が続いた。特に、イースト・ビレッジやロウアー・イースト・サイドは、ヨーロッパからの大量移民の時代に、アイルランド、イタリア、ポーランド、ウクライナなど多様な国からの低所得の労働者が住み着いたほか、ドイツ人やユダヤ人も多く、その文化が今でも残っている地区である。1950年代にも、グリニッジ・ビレッジにすら住むことのできない低所得のアーティストや作家がイースト・ビレッジに住み着いたと言われている（ズーキン、2013）。1980年代後半からは、ジェントリフィケーションが進行し、上述のように住居を失ったホームレスが所有者の不明な建築物に住み着く「スクオッター」となる一方で、イースト・ビレッジのトンプキンズ・スクエアにテントを張って生活し、麻薬取引や、時には反ジェントリフィケーションを訴えて暴動を起こすといった事件が見られたため、ニューヨーク市は多数の警察官を動員して公園からホームレスを排除した。

　特に、1994年にニューヨーク市長となったルドルフ・ジュリアーニが「割れ窓理論」に基づき、ニューヨーク市全体で警察職員を5,000人増員して街頭パトロールを強化したほか、落書き、未成年者の喫煙、無賃乗車、万引き、花火、爆竹、騒音、違法駐車などの軽犯罪についても徹底的に取り締まり、ホームレスを路上から排除し保護施設に収容して労働を強制するといった施策を実行した。このため、表1.1に示すように、犯罪の件数は減少し、治安が大幅に改善したことは特筆に値する。当然、彼の施策に対しては過度であるとの批判もあるが、ニューヨークはその後、アメリカの大都市としては最も安全な街となり、多くの観光客を引き寄せるとともに、不動産の価値も回復した[10]。同時期に実施されたクリントン大統領によるエンパワーメント・ゾーン・プログラムもあり、1980年代には治安が最悪だったハーレムのジェントリフィケーションも進展したが、結果的には多くの黒人が転出すること

3. 衰退と再生に関する学説と政策的対応    9

表1.1　ニューヨーク市内の犯罪認知件数

|  | 1990年 | 2000年 | 2019年 | 2020年 | 2021年 | 2022年 | 2023年 |
|---|---|---|---|---|---|---|---|
| 殺人 | 2,245 | 673 | 319 | 462 | 486 | 438 | 319 |
| 不同意性交 | 3,126 | 2,068 | 1,766 | 1,428 | 1,494 | 1,617 | 1,455 |
| 強盗 | 100,280 | 32,562 | 13,439 | 13,101 | 13,833 | 17,411 | 16,910 |
| 多額窃盗 | 268,620 | 49,631 | 43,505 | 35,499 | 40,890 | 51,565 | 50,586 |

（出典）在ニューヨーク日本国総領事館、防犯・生活安全対策

となった（次章および黒田、2021a）。

　これに対し、スミス（2014）は、行政主導の活性化政策が暴動など多くの社会的コンフリクトを招いた点を批判し、ジェントリフィケーションは行政政策ではなく民間投資で進めるべきものであると主張している。彼は、一般にジェントリフィケーションによって所得の低い層が社会から排除される現象に対しきわめて批判的であり、都市再生の副作用に対して否定的な立場を貫いた。

　ズーキン（2013）はイースト・ビレッジのジェントリフィケーションの結果、ライブハウスの賃料が1973年の600ドル/月から2004年には1万9,000ドル/月、その後6万5,000ドル/月へと上昇し、また、ある店舗の場合は1959年の28ドル/月から2005年には1万ドル/月へと上昇した例を挙げ、その影響の大きさを示している。ただし、彼女自身がイースト・ビレッジに居住していることもあり、ジェントリフィケーションによる居住環境の改善には肯定的な立場を取っている。しかし、地元の企業が周辺の環境保全の役割を担う代わりに市の公園の管理権も与えられるBID（business improvement district）については、ホームレスの居場所が奪われるなどの負の側面を指摘している。BIDについては、逆に周辺のホームレスをビルの守衛として雇用する事例が紹介されることもあるが、公共的な配慮が保証されるかどう

---

10）しかし、最近のコロナ禍のため、地下鉄などの治安は再度悪化したと言われている（BBC News Japan、2024など）。

かについては今後も実証的な確認が必要と思われる。彼女はまた、一般に推奨されることの多いコミュニティ・ガーデンについても、場所によっては特定のグループが権利を独占し他を排除する場合があることや、事業の継承に問題が生じる場合があることを指摘している。さらに、ブルックリンの海岸部にあるレッド・フックが、IKEA の出店を契機として再開発された経緯についても、現地を継続的に観察することにより、従来から存在する公共の運動場に集まる客を対象として移動式のエスニック料理の店舗で生計を立てていたヒスパニック系の人々の行動の変化から、途中経過も含めて正負の影響があったことを述べている。

　衰退や再生を含めた種々の都市問題を巡っては経済学、地理学、社会学などの社会科学の諸分野が研究対象としているので、成田（1987b）が指摘している通り、各分野は相互に「接触面」を有しているが、残念なことに、現状では相互の理解は十分とは思えない。例えば、Lees, et al.（2008）は都市経済学の中心的な定理でもある Alonso-Muth モデルについて様々に批判している。補論で詳述するが、同モデルは①都心への単位距離あたりの交通費がすべての住民について同じであること（例：地下鉄運賃）、②すべての所得階層が瞬間的に土地市場に参入して均衡に達した状況を説明するものであるが、実際には時間費用は所得階層によって異なり（例：高所得者の方が時間費用が高い）、アメリカでもニューヨークのパーク・アベニュー、フィラデルフィアのソサイエティ・ヒル、ワシントン D.C. のカロラマ・ハイツなど、都心に高級住宅地が存在することが好例である。また、第3章で検討するように、ヨーロッパでは都市形成に関して長い歴史があるため、都市に流入した時期によって中心から周辺へと居住する階層が変化している。あくまで Alonso-Muth モデルは一般均衡的な理想状態を提示したものと考えるべきであり、現実の都市を分析する上では他の様々な要因を加えた応用問題として捉えるのが当然と思われる。また、Alonso-Muth モデルに先駆けて発表されたホイトのセクター・モデルも、Alonso-Muth モデルが都心から360度すべての方向に同じ交通費を仮定しているのに対し、実際には郊外へ延びる鉄道など、地理的に限定された交通機関の隣接地の便が良いことから、製造業の拠点や低所得層の住居がその交通路線に沿って立地していると指摘して

おり、Alonso-Muth モデルの応用例とも考えられる。

## 4. アメリカにおける産業構造の変化と所得格差の拡大

　さらに、アメリカの場合は第二次世界大戦後の産業構造の変化が都市の盛衰に大きな影響を与えてきた。まず日本の戦後復興が繊維産業から始まり、アメリカの繊維産業への打撃が顕著となったため「日米繊維摩擦」と呼ばれ、1955〜1972年にかけてたびたび貿易交渉が行われた。第2章で言及するソーホー（SOHO: South of Houston Street）など、ニューヨークの都心の衰退の原因ともなっている。その後も、日米の比較優位の変化によって、鉄鋼、テレビなどの家電、自動車、コンピュータや半導体へと貿易摩擦は継続した。しかし、それに続く韓国や中国の経済成長により、繊維、鉄鋼、家電、自動車などの比較優位が国際的に順次遷移し、アメリカの比較優位は主としてテミン（2020）がFTE部門と呼ぶように、金融（Finance）、技術（Technology）、電子工学（Electronics）へと変化した。かつてはフォーディズムと呼ばれ自動車の大量生産の拠点であったデトロイトから、鉄鋼生産の世界的中心であったピッツバーグにかけてのアメリカの製造業の集積地が、産業衰退の象徴としてラストベルトと呼ばれるようになった（図1.3）。

　図1.4にアメリカの製造業の雇用者数の推移を示す。特に21世紀に入ってからの急激な減少が、結果的に中産階級の縮小をもたらし、都市における住民の所得格差の拡大にも影響を与えている。この主要な原因として、図1.5に示すように、特に今世紀に入ってからの中国の経済成長の影響による、対中国の貿易赤字の拡大を指摘する研究もある（Scott and Mokhiber, 2020）。

　また、産業構造の変化は、製造業の拠点であった地域の衰退や雇用者数の減少だけにとどまらず、大学卒の高技能労働者と経営者の所得が上昇する一方で、未熟練労働者に対する労働需要は減少している。このため、人口の約20％のFTE部門とそれ以外の労働者の差が拡大している。Kochhar（2024）の分析によれば、1970年に62％であった中間所得層の所得のシェアが、2022年には43％に下落した一方で、高所得層の所得のシェアは29％から48％へと上昇している（低所得層のシェアは10％から8％と、あまり変化はない）。

図1.3 ラストベルト

（出典）https://www.businessinsider.jp/post-166915

図1.4 アメリカにおける製造業の雇用者数の推移

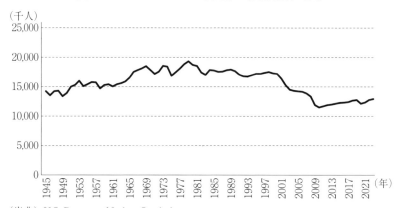

（出典）U.S. Bureau of Labor Statistics

中間所得層の所得のシェアの大幅な減少は、社会の二極化が進んでいることを示していると言えよう。したがって、最近は Autor（2010）、モレッティ（2014）、テミン（2020）、マラック（2020）、コトキン（2023）など、アメリカの産業構造の変化に伴う所得格差の拡大と中間層の減少を憂える著作も多いが、人種や宗教の違いと同様に、所得格差の拡大は都市における居住の問題にも大きな影響を与えている。

## 4. アメリカにおける産業構造の変化と所得格差の拡大　13

#### 図1.5　アメリカの国別貿易赤字の推移

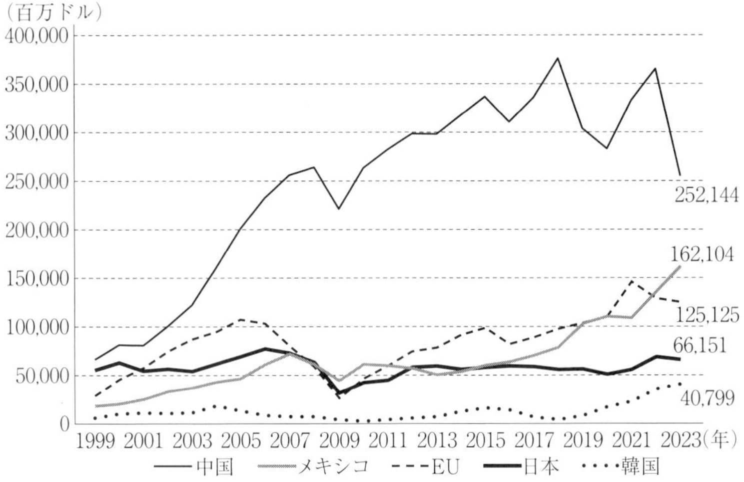

（百万ドル）

| | |
|---|---|
| 252,144 | |
| 162,104 | |
| 125,125 | |
| 66,151 | |
| 40,799 | |

── 中国　　メキシコ　‐‐‐EU　── 日本　····韓国

（出典）U.S. Bureau of Labor Statistics

　本書では、まず、多様な人種や所得格差の影響が大きく、都市の再生を巡る本質的な方法論に関する政治闘争が激化した20世紀中盤のニューヨークの事例を第2章で取り上げる。続いて、Glass の居住地でもあるイギリスなど、歴史的な都市形成の影響も比較的残り、かつ公的な政策によって都市の再生が図られたヨーロッパの事例を第3章で紹介する。その後、第4章では上述のような国際的な比較優位の推移による産業構造の大きな変化によってアメリカの新たな産業拠点となったシリコンバレーの状況と、最近の南部への工場移転の状況を解説する。シリコンバレーやシアトルのような IT 系の中心地域は高所得者が集中したため、経済的繁栄の副作用として不動産価格が高騰し、公務員やサービス業の労働者は普通の住宅も購入できない状況が生じている。一方で、衰退したラストベルトの代表的都市であるデトロイトとピッツバーグは自動運転などの最新技術の開発や生命科学や医療技術の成長もあり、近年復活の兆しが出てきているので、第5章でその現状を紹介する。最後に第6章において、わが国における最近の東京一極集中の新たな展開を考察する。日本では第二次世界大戦後、早い時期から東京一極集中の是正が叫ばれており歴代の国土計画の中心課題でもあったが、今世紀に入り、人口

減少の影響が顕在化する中で、三大都市圏から一大都市圏への移行が見られるようになってきた。かつてのアメリカと同様に、日本も産業構造の転換点に差し掛かっており、望ましい人口分布のあり方とそのための方策を検討する必要があると思われる。

# 第2章

# 都市の再生を巡る闘争とその後：
# ニューヨークの事例

## 1. はじめに

　アメリカにおける2022年の人種別の所得分布を図2.1に示す。アメリカでは所得と人種の相関が高いことが人種による住み分けにも影響を与えており、地区によっては多文化共生の障害になることも多い（貧困率は、黒人17.1％、ヒスパニック16.9％、白人とアジア系は8.6％）。補論で詳述するように、理論的には都心に低所得層、郊外に高所得層という住み分けが基本的に生じるので、低所得層の居住地区である都心部に劣悪な住宅と治安の悪い地区が発生するというインナーシティ問題が、従来多くの国で「都市問題」の重要な課題となっている。特にアメリカでは地区による犯罪発生率の違いが、人種差別に結びつきやすい。

　この解決策を巡っては様々な主張が展開されてきたが、単純なスクラップアンドビルドではなく、むしろ現状の保全を主張した論者の一人がジェイン・ジェイコブズ（1916-2006）である。

　都市問題の研究者の間では、以前から彼女の著作は注目を集めていた。わが国でも、彼女の代表作である『アメリカ大都市の死と生』について、完訳でないとはいえ、黒川紀章が最初の訳書を刊行したことは象徴的である。彼女の都市政策に関する思索の大きな契機となったのが、ロバート・モーゼス（1888-1981）という行政官の推進したスラムクリアランスなどの公共プロジェクトへの反発であった[1]。本章ではこの二人に加え、彼らの主張に独自

---

1) フリント（2011）、ティルナー（2019）などを参照のこと。

図2.1 人種と所得分布

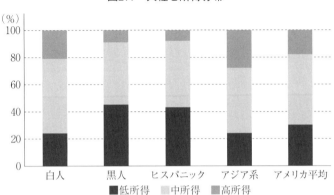

（出典）Kochhar, 2024

の評価を下した稀代の思想家であり、ハワードの田園都市論[2]に共鳴していたルイス・マンフォード（1895-1990）の主張も含めて、比較考察を行う。

また、その後、1980年代に最も劣化したニューヨークのハーレム地区が、アメリカ政府のエンパワーメント・ゾーンに指定されたことで再開発が進み、治安が改善するとともに白人などが流入していることによる正負の影響を人口動態と文献に基づいて検証する。

## 2. ロバート・モーゼスについて

ニューヨークを中心に、戦前から約40年にわたって都市計画に関係する公共事業に絶大な権限を発揮し、"マスター・ビルダー"と呼ばれる。彼が主導した主要な成果は以下の通りである。

- 橋梁　13
- トンネル　2

---

2）代表的な文献としてはハワード（2016）を参照のこと。

- 高速道路　637 km
- 運動場　658
- プール　10
- 州立公園　17（改修含む）
- 市立公園　数十（改修含む）
- 高層住宅　2万8,400戸
- 国連ビル
- ニューヨークでの万博開催　2

　裕福な家庭に生まれ、大学院博士課程まで政治学を専攻したが、ニューヨーク州や市の無給職員から始まった実務上のキャリアで、次第に公共事業の専門家になった。後述するジェイコブズについては、しばしば大学で都市計画などの専門教育を受けていないことが欠点として指摘されるが、その点ではモーゼスも都市計画や都市問題などの専門教育は受けていない。

　最初はアル・スミス（ニューヨーク州知事）やラガーディア（ニューヨーク市長）に認められ、州の行政改革に関与し、その後、ロングアイランドなどの公園の建設から次第に公共事業の企画立案・遂行者となった（図2.2）。当初の公園建設は、人口密度の高いマンハッタンの住民が、週末に海岸部で余暇を楽しめるようにとのアイディアであり、一般市民の立場を尊重したものと評価される。特に、本人の別邸もあったロングアイランドは裕福な資産家が多く居住し、中流以下の庶民が近辺に流入することには地元の抵抗があったが、反対派を説得し都市住民にリフレッシュする場を提供した点は評価できる。ただし、海水浴場へのアクセスについては、自家用車の利用を前提とし、バスの車高では通過できない構造が一部存在する高速道路を造るなど、低所得者への配慮に欠けるという批判もある。

　その後、ニューヨーク市内の住宅事業へも権限を拡大し、自動車利用を前提に都市改造を推進しようとした。ちょうどモータリゼーションの時代を迎えていたこともあり、彼自身は運転手付きの高級車を用いて自分では運転しなかったにもかかわらず、自動車中心の社会の到来を信じ、高速道路を中心としたインフラ整備を推進した。

図2.2 ロングアイランドのジョーンズ・ビーチ州立公園

（出典）Google Maps

　彼の構想に大きな影響を与えたのが、ニューヨーク州などの広域調整機関として1922年に市民と財界によって設立されたシンクタンクであるRegional Plan Association（RPA）が、マンハッタンの都心から郊外への人口分散を目的として発表した1929年の第1次地域計画である。同計画は、図2.3に示すような高速道路網でマンハッタンの中心部も貫通することを提案した。
　その中で、ジョージ・ワシントン橋はすでに港湾公社によって1927年に着工し、1931年には完成していた。モーゼスが主導して完成したのは、クロスブロンクス高速道路とベラザノ・ナローズ橋であるが、後述するローメックスなどマンハッタン中心部を横断する高速道路は現在も存在しない。その理由としては、ジェイコブズに代表される反対派が政治的に勝利したことが挙げられる。
　モーゼスは自動車社会に対応した都市計画が最善と信じ、そのための犠牲は斟酌しない態度を貫いた。事業が完成したクロスブロンクス高速道路については、初期の移民たちが築いた地元の中心的な商店街に重ねる線形で高架、地表を上下する高速道路を建設したために、その後のブロンクスの衰退によるスラム化を招いたと批判されている。同様の例として、ブルックリンのゴーワヌス高速道路も高架下の通りの衰退を招いたと言われている。また、最

## 2. ロバート・モーゼスについて　　19

### 図2.3　RPAの第1次地域計画における高速道路構想

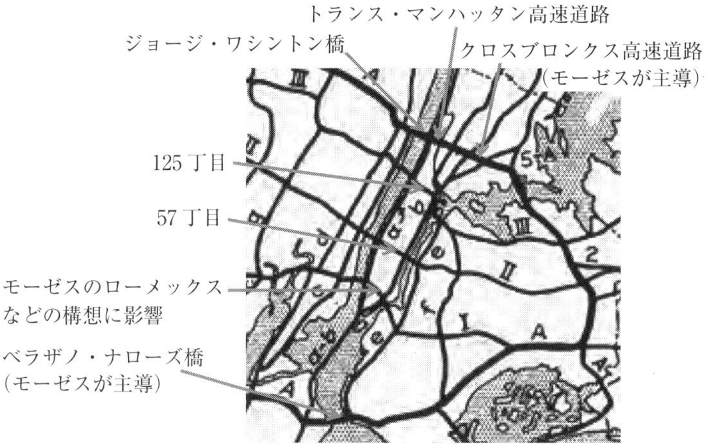

トランス・マンハッタン高速道路

ジョージ・ワシントン橋　　クロスブロンクス高速道路
（モーゼスが主導）

125丁目

57丁目

モーゼスのローメックス
などの構想に影響

ベラザノ・ナローズ橋
（モーゼスが主導）

（出典）Regional Plan Association, The First Regional Plan における The Regional Highway System の図を元に作成

近でも、ブロンクスの北東にあるニューロシェル市に同じくモーゼスが建設したメモリアル・ハイウェイが当時の黒人コミュニティを分断し、現在も地域の住民の生活の障害になっているため、6車線から3車線へと削減し、残りの空地は緑化する計画がLINKプロジェクトとして連邦政府から承認された（Holder, 2024）。類似の問題はボストンの高架道路についてケヴィン・リンチが『都市のイメージ』（2007）において指摘しており、近年、その問題を解決するためにビッグ・ディグと呼ばれるプロジェクトで地下化が図られた。わが国でも、それを参考として日本橋の高架高速道路の地下埋設が事業化されている（首都高速道路株式会社、HP）。

　さらに金倉（1992）も引用しているFainstein and Fainstein（1989）によれば、スラムクリアランスにより、低所得層の労働者用住宅から中・高所得層向けの住宅や病院、大学の寮への転換を行ったため、低所得層の居住条件の改善には繋がらなかった。

　また、彼一人の責任とは言えないが、ニューヨークでは地下鉄などの公共交通機関の整備を比較的軽視してきたこともあり、近年、治安の改善による利用者の急激な増加への対応や、24時間営業のため、逆に線路・トンネルの

保守点検・修繕が十分でないなどの問題が指摘されている。

わが国では、良くも悪くも年功序列的昇進と定年制のため、中央・地方政府の官僚が数十年も枢要なポストに就くことは想像できないが、モーゼスは一時政治家を目指して州知事選に立候補したものの、落選した後は行政機関での権力維持に専念・腐心したと言われている。特に、トライボロー橋の建設を指揮した際に、建設のための借入金完済後も有料制を維持し、その料金収入を継続的に他の事業にも流用できるようにすることにより総裁の任期をなくすなど、自己の権限拡大と地位の継続に種々の策を用いたことが、批判の根拠ともなっている。

多くの大規模な公共事業を主導したため、そのほとんどにおいて、彼の部下と業者や新規のテナントとの癒着が指摘されていた。このため、生前はモーゼス自身の蓄財も疑われたが、彼の死後、その遺産がそれほど巨額ではなかったため、「権力欲」と「名誉欲」は強かったものの、「金銭欲」はなかったことが判明した。しかし、部下の汚職を防げなかった点は批判されても仕方がないと思われる。

モーゼスについては、ホール（2022）が「アメリカ都市史の中でも偉大な起業家」と評価しており、わが国でも、フリントの著書とは少し異なる立場で書かれた渡邉（2018）など、一定の評価を下す論者も存在するが、一般に彼の業績や行動の評価に関しては毀誉褒貶が激しい。

また、マラック（2020）によれば、1950、60年代は全米で都市再生のためのスラムクリアランスと州間高速道路の建設が進行したが、ダウンタウンに近い黒人の居住区は不動産価格が低く、政治的な抵抗が少ないので、戦略的に撤去の対象として選定され高速道路の用地となった。このため、全米で移転の対象となった100万以上の世帯のうち、半分は黒人だったとのことであり、この時代に強引に高速道路の建設を推し進めたのはモーゼスに限らなかったとも言える。


## 3. ジェイン・ジェイコブズについて

ジェイン・ジェイコブズはペンシルベニア州の炭鉱町の開業医の娘として

生まれたが、炭鉱町の衰退の影響もあり、高校卒業後にタイピストの訓練を受けた後、ニューヨークで秘書などの仕事に就く。ニューヨークでの生活の中で都市の観察を続け、個人とコミュニティの関係を中心に、現代都市のあるべき姿を考察し、その論考が評価されて次第に都市問題を中心としたジャーナリストとして認められるようになった。多くの著作の中には、あまりにも個人的な直感に頼る解釈もあり、例えば経済学的な論理に矛盾するような点を中心に「専門的な教育を受けていないにもかかわらず……」といった批判を専門家から受けることも多い。

　しかし、彼女の著作の中でも『アメリカ大都市の死と生』は、都市計画者、建築家、社会科学者を含め、その後の都市計画や都市論に多大な影響を与えた。本人はベトナム戦争に息子が徴兵されることを嫌いカナダに移住したが、その後、後述するように IT 系のベンチャー企業が、マンハッタンをはじめ、多くの大都市の猥雑で衰退した地区から発生して街が再生したこともあり、その優れた洞察力が改めて証明された。ただし、スラム化した地区の再生については、放置するだけで済まないこともあり、ジェイコブズを超える議論が求められていることも事実である。

　彼女の主張の根幹は以下の 4 点である。

## ジェイン・ジェイコブズの都市活性化「4 条件」

①同じ地区が 2、3 以上の機能を有すること（時間帯により異なる用途があること）

②街区の長さが短いこと（スーパーブロックの否定）

③年代・用途の異なる各種建築物の混在（多様な職業・所得層の混在）

④十分に高い人口密度

　①の条件は、同じ街区内に異なる職種の人々が、異なる時間帯に往来することで、結果的に衆人環視機能が働き、治安の向上にも役立つということである。例えば、昼間は主婦や子供が出歩き、夜間は同じ街区にある飲食店に客が出入りすることで、常に人の目が行き届き、犯罪を防ぐことができるということである。その後、ニューマン（1976）により Defensible Space と

定義されたほか、CPTED（Crime Prevention Through Environmental Design）といった概念として街の設計などにも応用されている。例えば、ニューヨークの貨物線の高架構造物を活用した緑の多い遊歩道として近年観光客の人気を集めているハイラインも、周囲のビルのオフィスからの視線が行き届くことによって治安を維持していると評価されている。

　②の条件は、①とも関連するが、街区の長さが短い方が人の往来が増え、街の賑わいや治安の維持に効果的であるということである。この点で、一時流行したスーパーブロックは、通過する人や車を住区から排除することで、衆人環視の機能が失われてしまう。現在も、ニューヨーク市内には治安の悪い公営住宅が点在するが、一見、緑化されて環境がよく見えるスーパーブロックは、逆に外部の視線が届かない危険な場所になっている。

　③の条件は、新旧の建築物が混在した方が、不動産の価格・賃貸料の分散が大きくなり、所得、年齢、職種などでの均質化が起こらないということである。これにより、スラム化を防ぐと同時に、低所得層もその街区に住み続けることが可能となる。

　④の条件は、①などとも関連するが、衆人環視や街の賑わいを保つには一定の人口密度が必要という主張である。

　特に③の立場から、単純なスラムクリアランスや高層住宅による再開発は、多様性や住民同士のコミュニケーションを失わせるとして、既成市街地の保全を主張した。ジェイコブズは、実際にニューヨーク以外のスラムや再開発地区を視察している。例えば、セントルイスでは、市の中心部のスラム化した地区を取り壊してプルーイット・アイゴーという大規模な公営住宅を建築し、低所得層の旧住民を中心に収容したが、かえって若者などが一般の社会から隔絶されたことにより孤立感を深め、アパートの内外の器物を損壊するなど居住環境が急激に劣化し、従前以上に犯罪の温床となった。このため、住民はほとんど流出し、築後16年しか経っていない1972年に爆破・解体されてしまった。彼女は、もともとイースト・ハーレムの公営住宅建設が引き起こした問題の相談にも乗っていたが、ニューヨークでも、低所得層に近代的な居住環境を提供するという目的で建設された公営住宅が、かえって犯罪の温床になっており、高層住宅のエレベーターやスーパーブロックの空き地に

おいて①や②の衆人環視が欠落しがちなこと、低所得層のみを集団で住まわせるため③の多様性がない点などの実例として、計画的な都市開発の危険性を主張する根拠となった。

　ちなみに、プルーイット・アイゴーの設計を担当した日系2世のミノル・ヤマサキは、当時流行していたル・コルビュジエに代表されるモダニズム建築の影響を強く受けた建築家であり、その後、2001年9月11日のテロ事件で倒壊したニューヨークのワールド・トレード・センターの設計も担当した[3]。ワールド・トレード・センターについては、建築当初、アメリカ建築家協会がツインタワーのデザインを美的観点から批判したことに加え[4]、後述するルイス・マンフォードは「高層ビルは金属とガラスでできた書類用キャビネットに過ぎない」と言って批判している。ジェイコブズは、建築そのものではなく、ニューヨークのウォーターフロントを住民の憩いの場として保存すべきであるとして、ロウアー・マンハッタンの土地利用のあり方に疑問を呈した。

　ジェイコブズはスラム街一般の保全を主張したわけではなく、例えば、ニューヨークのブロンクスやデトロイトは、そもそも多様性がないため、再生不可能であるとしている。また、マンフォードが指向した田園都市のような郊外の中小都市の開発については、大都市が持つ潜在力を発揮できないとして否定している。この点は、都市経済学において近年強調されることの多い「集積の経済」の効果を経験的に認識していたと言えよう。

　ジェイコブズが、上述のロバート・モーゼスのプロジェクトに反対した有名な例として、ワシントンスクエア公園の改造計画、ロウアー・マンハッタン高速道路（ローメックス）計画、ウェスト・ビレッジの再開発計画が挙げられる。

　ワシントンスクエア公園の改造計画は、図2.4に示すように、5番街をワシントンスクエア公園内に延伸・貫通させるとともに、公園の南部の再開発

---

　3）ミノル・ヤマサキについては飯塚（2010）を参照されたい。
　4）この批判には日系人に対する人種差別的な意味合いもあったようである。

## 図2.4 ワシントンスクエア公園改造計画

(出典) Google Maps

を目的としていた。最終的にはローメックスに接続するとともに、ロウアー・マンハッタンの道路ネットワークを改善しようとするものであったが、ワシントンスクエア公園自体が、かつてマンハッタンが移民によって開発される過程で墓地、絞首刑場、決闘場などとして使用された歴史的価値の高い公園であり、その後、ヘンリー・ジェイムズ、ジャクソン・ポロック、ボブ・ディラン、ジョーン・バエズ、ピーター・ポール＆マリー（PPM）らもよく利用するなど、世界的な文化を生み出した土壌となった点などを考慮しない計画であった。一般に、歴史的なモニュメントなどの価値を尊重しなかった点を批判されるモーゼスとしては、交通条件の改善の方が重要と考えたのだと思われる。結局、自宅があったウェスト・ビレッジから近いこともあり、ジェイコブズも反対派として参画し、この計画は取り下げられた。同公園は、現在でも近隣のアーティストがピアノを持ち込んで音楽を演奏するなど地域の住民が憩う姿が多く見られ、地域コミュニティの中心として機能

## 3. ジェイン・ジェイコブズについて

図2.5 ロウアー・マンハッタン高速道路構想

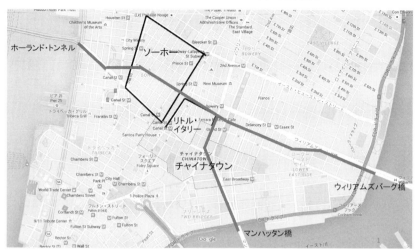

(出典) Google Maps

しており、5番街が貫通しなかったことは結果的に良かったと思われる。

ロウアー・マンハッタン高速道路(ローメックス)計画は、図2.3で示したRPAの第1次地域計画における高速道路構想に基づき、図2.5に示すように、ブルックリンのウィリアムズバーグとを結ぶウィリアムズバーグ橋からロウアー・マンハッタンを横断し、ホーランド・トンネルから対岸のニュージャージー州に抜け、その中間で少し南のブルックリン中心部とを結ぶマンハッタン橋からの高速道路とも接続する計画であった。しかし、同図に示すように、ロウアー・マンハッタンのチャイナタウン、リトル・イタリー、ソーホーなど、ニューヨークの伝統的・個性的な「下町」を高架で分断する構想であり、地元から強い反対運動が生起し、結局実現しなかった。

さらに、モーゼスはジェイコブズが居住していたワシントンスクエア公園西側のウェスト・ビレッジを再開発対象にしようとしたが、ウェスト・ビレッジ自体はテナントが立ち並ぶような典型的なスラム街ではなかったため、地元の激しい反発を招き計画は頓挫した。

## 4. ルイス・マンフォードについて

　ルイス・マンフォードはニューヨークで生まれ育った。活発な評論活動により、歴史、文化、技術、都市などについて幅広く考察し、「ジェネラリスト」を自称した。映画『ジェイン・ジェイコブズ　ニューヨーク都市計画革命』（2019）の中で、モーゼスが「マンフォードのように書斎にこもっている人間に何がわかるか」と批判するシーンが出てくるが、マンフォードは単に著述を行っただけでなく、アメリカで田園都市の実現を目指した建築家クラレンス・スタインのグループ（アメリカ広域計画協会：RPAA）に加わり、クイーンズに建設した2階建てのテラスハウス形式の集合住宅であるサニーサイド・ガーデンズのプロジェクトや、歩車分離で著名なラドバーンの住宅プロジェクトにも参画している。ラドバーンについては、折からの世界大恐慌のため事業がすぐ中断したが、サニーサイド・ガーデンズは完成し、マンフォード自身も1925年から1936年まで居住した。NHK世界ふれあい街歩き「クイーンズ」編（2015）でも現地で住民にインタビューしているが、道路に面した各家庭の前面の花壇の整備だけでなく、中庭の共有地が公園のようになっており、住民同士が育児など、様々な協力関係を維持し、きわめて良好なコミュニティが今も形成されている。

　生粋のニューヨーカーであり、ニューヨークに関しては誰よりも詳しいという自負が、都市問題に関するマンフォードの論評からも感じられる。彼は著名な建築家であるフランク・ロイド・ライトとも長年にわたって文通による意見交換を続ける一方[5]、街づくりにおいて、単なるスラムクリアランスではなく歴史・文化・住民の意思を尊重すべしと主張したパトリック・ゲデスに賛同するとともに、巨大化するニューヨークに対する絶望を感じながらエベネザー・ハワードの田園都市に強く共鳴し、上述のプロジェクトにも参画した。結局、RPAAの解散に伴いサニーサイド・ガーデンズから1936年にニューヨーク州内の農村であるアメニアに転居し、1990年の死去まで定

---

　5）ファイファー、ヴォトヴィッツ（2005）を参照のこと。

住した。

　特にモダニズム建築の中心人物であったル・コルビュジエの「輝ける都市」や、その影響を受けたモーゼスの高層建築や自動車優先の都市改造計画に対しては強く反対していた。長く交友が続いたフランク・ロイド・ライトに対しても、田園の中に高層建築が点在し、移動はヘリコプターという「ブロード・エーカー・シティ」構想には批判的であった。

　ジェイコブズの『アメリカ大都市の死と生』に対しても、雑誌『ニューヨーカー』において「都市癌の家庭療法」と題する論文で酷評した。

　都市問題に関する彼の主張や批判のいくつかを下記に示す。

①都市の環境は悪化の一途をたどるばかりで、都市高速道路から政府援助による高層住宅建設に至るまで、当局の自慢の種となっている業績も、多くはただ大都市の解体、恣意的な郊外の拡散や地域の荒廃の速度を速めたに過ぎない。

②ロバート・モーゼスらが考案した交通難緩和策が、改善しようとした事態をかえって一層悪化させてしまっていることに、困惑するばかりである。

③"メガロポリス"とは統計上の虚構であり、崩壊と解体の様式である。田園都市が最適規模である。

④経済的、社会的諸階級、諸年齢の混合居住が重要である。

⑤コミュニティの会合場所が必須である。

⑥隣人の目の届く範囲で生活するべきである。

⑦一様な大街路や公共建造物が近隣住区を破壊している。

⑧都市の大規模公園は普段あまり使われない。近隣住区の公園の方が日常的に使用される。

⑨道路建設計画は過大で、他の予算の減少を招いている。自動車の増加が郊外化を招き、都市を破壊している。高速道路は市外に配置すべきである。

⑩高架の鉄道や道路も騒音や悪臭の原因になっている。

⑪小型の電気自動車が望ましい。

⑫ジェイコブズの４条件では、犯罪は減らない。

⑬悪性腫瘍ほど動きが活発である（悪性腫瘍とは都市問題）。

⑭高密度が都市を住みにくくしている。

⑮経済活動の主体は大企業にあり、ソーホー（SOHO）などの下町の中小企業の価値はあまりない。

⑯グリニッジ・ビレッジは沈滞している。

　彼の主張を見ると、⑫〜⑯のようにジェイコブズを批判していながら、④〜⑦のように、実は彼女と同じ主張も散見され、⑫とは一見矛盾しているように感じられる[6]。しかし、ニューヨークのような巨大都市は、それらの方法ではもはや救いようがないという点を⑬の悪性腫瘍に例えて主張していると思われる。

　実際に、上述のサニーサイド・ガーデンズのプロジェクトでは、⑤のような施設整備だけでなく、きわめて幅広い所得階層の混住を当初から計画していた。最終的には建築費が予想より高くなり、その幅は狭まったが、④の主張を実現しようとしたプロジェクトの意義は大きい。実は、ジェイコブズも公共プロジェクトへの批判だけでなく、公営の高層住宅のエレベーターが犯罪の温床となっている点などを考慮して、自ら有志のグループで、ウェスト・ビレッジの自宅の近所に中層のアパートをモデルケースとして建築している。ただし、こちらも専門家ではないため、建築費が当初の予想を大幅に上回ったと言われている。

　②については、道路網の整備によって、さらに混雑が起こるという「誘発需要」の問題であり、わが国でもかつて総合交通体系という観点から、自動車だけでなく鉄道、地下鉄などとの分担を考慮した整備が強調された。モーゼスがプロジェクトを推進した時期は、まだモータリゼーションの進行が始まったばかりで、自動車交通の増加に対し、単純に高速道路での近郊との接続を推進したため、かえって市街地が郊外に拡散し道路の混雑が悪化した。

───────────

6 ）成田（1987b）もジェイコブズとマンフォードの主張の類似性を指摘している。

これを「ロバート・モーゼスのパラドックス」と呼ぶこともあるが、上述のように彼が鉄道などの整備にはあまり関心がなかったことも影響している。

また、最近の国際的な電気自動車の普及促進を見ると、1960年の時点で⑪のように小型の電気自動車を推奨していることは先見性が高いと言える。

ただし、当時のフォーディズムに代表される大企業による大量生産は、多くのスタートアップに支えられた近年の情報産業の発展の状況を見れば大きく変貌していることが明らかであり、その後のニューヨークでも、後述するように IT ベンチャーが多く芽生えて都市の再生に繋がったことから、⑮や⑯の意見は結果的に正しくはなかったと思われる。


# 5. その後のニューヨークなどの変化から見た三者の再評価

まず、上述のように、第1次地域計画で提案した高速道路計画がモーゼスのプロジェクトに大きな影響を与えた RPA は、民間のシンクタンクとはいえ、その後もニューヨークの都市計画に対する大きな影響力を持っている。しかし、ジェイコブズなどの反対運動への反省もあり、計画の方向性は大きく変化した。

①1960年代の第2次地域計画：郊外のスプロール現象や都心の衰退に対して、都心部や地域のブロック拠点の高密度な開発を促進し、それに見合う交通施設の整備戦略を主張　（ここで提言されたブロードウェイからの自動車排除は、2009年にタイムズスクエアの歩行者専用道路化となって結実した）。

②「混合所得＝混合利用の近隣住区」と呼ばれるような、職場や小売店に近接する形で、様々なタイプの住宅と所得階層を各住区に呼び込む政策を主張した。

③1995年の第3次地域計画：「3つのE」として、Economy-Environment-Equity を、地域の持続的な生活の質、繁栄、活力を担保する基礎とした。

④ 環境や交通インフラへの負荷を最小にするような11の地域拠点の育成を支援した。

⑤高騰するガソリン価格、気候変動、居住者と職場の接近の必要性などから、交通アクセスないし交通指向型の開発の必要性を指摘した。

⑥気候変動、財政的不確実性、経済縮小の可能性も視野に入れた第4次地域計画を策定した。


　特に②の主張はジェイコブズやマンフォードの主張に沿ったものであり、「80/20 Housing Program」としてニューヨーク州政府などが、20％以上を低所得層に提供する集合住宅に補助金を支給するという混住化促進のための政策を取っている（New York State, 2011）。RPA 自身も、ハドソン川に面した操車場跡地にドナルド・トランプの不動産会社が計画したリバーサイド・サウスの再開発に際しては、反対する地元の市民団体に協力して、中低所得層も対象とするよう調整した。ただし、「80/20 Housing Program」に関しては、低所得層向けの物件は倍率が極端に高いと言われている（ニューヨークでは、最近は年間350万件の応募がある（Goh, 2024））。また、ズーキン（2013）によれば、補助額が十分ではないため、民間の不動産会社にはあまり魅力的でないとのことである。

　また、近年、ニューヨークにおいてハリケーンの被害が大きく、その原因として自然地理的条件だけでなく高層ビルや巨大な橋梁が多いことが挙げられている（ナショナルジオグラフィック、2012）。この点をふまえて、最近の計画には、交通手段も含めた気候変動への対処が盛り込まれている。

　上述のようにマンフォードは大都市の将来に絶望し、エベネザー・ハワードらによる田園都市を理想としていた。代表例であるイギリスのレッチワースは1990年代に一時中心部の荒廃などもあったが、概ね3万人ほどの人口を維持して現在に至っている。現在では私有地が増えているが、町全体の都市計画や共有地などは独立した財団が管理運営に当たっており、不動産賃貸料などからの余剰金は住民に還元されるなど、ヘンリー・ジョージが主張したような開発利益還元の手法が維持されていることは特筆に値する（ミラー、2002）。当初から、地元の製造業を中心に雇用も確保されてはいるが、もともと、意図的にロンドン大都市圏の外側に配置され、ロンドンへの通勤は難しい地点に位置する。このため、学生を含めて若年層は少なく、退職した人

図2.6 インナーシティ問題のメカニズム

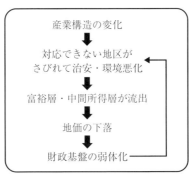

が多い。また、労働者も高度な技能を持たない場合が多く、5世帯に1世帯は貧困層と言われている（Letchworth Garden City Heritage Foundation, 2018）。

　周知のように、イギリスの田園都市を参考に建設されたわが国のニュータウンは、レッチワースとは性格が大きく異なり、実質的に当時の三大都市の郊外に、地方から流入する人口を吸収するためのベッドタウンとして計画された。マンフォードも参画したアメリカのラドバーンも実際にはマンハッタンへの通勤圏内にあり、「アメリカにおける田園都市」というクラレンス・スタインらの目標とはいささか異なっている。しかし、現代のように国際貿易が自由化され、比較優位の変化に従って各国の分担する財・サービスが刻々と変動する時代には、レッチワースのようなロンドンから隔絶された3万人程度の小都市は、所得水準の問題があり、今後のイギリスの産業構造の変化に対応可能か疑問が残る。それは、ハワードが構想したように各々が3万2,000人の6個の小都市が人口5万8,000の中心市の周辺に連結して、全体で25万人程度の都市圏（ソシアルシティ）となっても同様と思われる。また、上述した集積の経済のメカニズムがレッチワースなどでは働かないことが問題として残る。

　モーゼスが主導したマンハッタンのスラムクリアランスについては、19世紀から貧困層の移民が形成したテネメントと呼ばれる劣悪な住宅の存在もあったが、20世紀後半は、図2.6のようなインナーシティ問題のメカニズムが

基本的な要因として存在する。

　補論で述べるように、理論的にも Alonso-Muth のモデルから、交通費用などの条件を同一とすれば、都心に低所得層が住み分けることとなる。一時アメリカの既製服の生産拠点であったロウアー・マンハッタンのソーホーなどにはレンガ造りの中層の工場群が存在した。それらの国内移転やその後の国際的な比較優位の変化で、ロウアー・マンハッタンの繊維関連の工場は空洞化し廃屋のような状況となったため、行政的な観点からはインナーシティとしてますます劣化が進むと予想された。

　これに対して、上述のようなプルーイット・アイゴーの失敗や、毎日、自転車での通勤途中に自分の目で観察した下町の経済活動の実態から、保全の方が望ましいという主張に至ったジェイコブズらの反対によって、ロウアー・マンハッタンは大規模なクリアランスを免れた。しかし、その後、ロウアー・マンハッタンに起こった変化は、ジェイコブズをはじめ当時の専門家も予想できなかったものと思われる。まず、ソーホーの工場だったビルは借り手がつかず劣化して賃料が下落したため、売れない画家や彫刻家などの芸術家がアトリエ兼住宅として入居するようになった[7]。若い芸術家が多い街では、彼らを顧客とする安価なパブやイタリア料理店などの飲食店が立地する。次に、その自由な雰囲気に惹かれて IT 関係のスタートアップがロウアー・マンハッタンから大量に発生した。これが、当時シリコンアレーと呼ばれたニューヨークの IT 産業の集積である。具体的な立地場所や業務の事例は長野（2000）や小長谷（2005）などを参照されたい。

　一方で、その影響が招いた問題は、新たな産業集積が生まれたことで、ソーホーやグリニッジ・ビレッジの不動産価格が急上昇したことである。例えば、ジェイコブズ自身が1947年に7,000ドルで購入したウェスト・ビレッジの３階建ての住宅は、2001年の取引では330万ドルであった。物価水準の変動もあるが、名目値では470倍となっている。この結果、若い芸術家は、よ

---

7）その当時のソーホーのアトリエなどの状況は、1990年のアメリカ映画『ゴースト／ニューヨークの幻』などで再現されている。

5. その後のニューヨークなどの変化から見た三者の再評価　33

図2.7　ジェイコブズ的な再生のメカ
ニズムとその結果

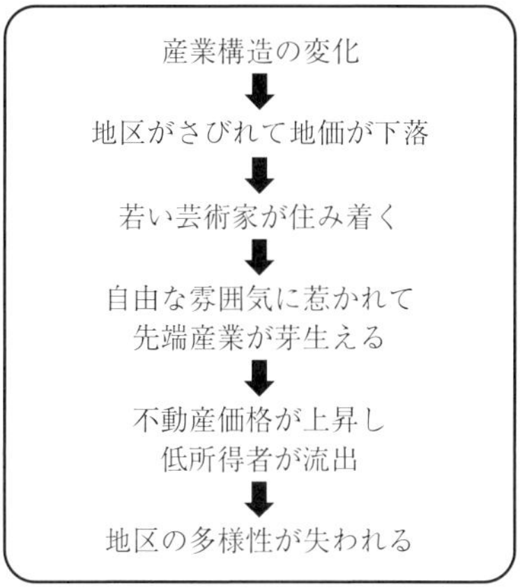

産業構造の変化

⬇

地区がさびれて地価が下落

⬇

若い芸術家が住み着く

⬇

自由な雰囲気に惹かれて
先端産業が芽生える

⬇

不動産価格が上昇し
低所得者が流出

⬇

地区の多様性が失われる

り家賃の安いウェスト・ビレッジの北にあるチェルシーやブルックリンのウィリアムズバーグへ移動し、比較的所得の低い従来からの住民も、より住宅の賃貸料の安い地区へ転出せざるを得なくなった。逆に、しゃれた飲食店や自由な雰囲気に惹かれて、ヤッピーと呼ばれる高所得のビジネスマンなどの若者[8]が住み着くようになった。彼らは、通常の都市経済学の所得による住み分けとは異なる効用の基準（選好）を有した階層と言える。このメカニズムを図2.7に示すが、当時、ジェイコブズが目指した住民が安心して住み続けることのできる自立的再生のまちづくりは、結果的に否定されることとなった。この点に関してニューヨーク・タイムズの著名な記者が、「ジェイコブズの主張により、ソーホーやビレッジはヤッピーに好まれる街になったに過ぎない」と論じている（Muschamp, 2009）。ジェイコブズの主張に関しては、民間の不動産市場の機能への視点が欠落しているという批判があるが、上述の現象も不動産の市場メカニズムに関連している。

---

8）マラック（2020）は、高学歴の若者を「ヤング・グラッズ」と呼び、彼らの転入による地区の変容を指摘している。

34　第 2 章　都市の再生を巡る闘争とその後：ニューヨークの事例

　さらに、同様の現象は、上述のウィリアムズバーグや、第 3 章で述べるようにイギリスの東ロンドンのジェントリフィケーションでも起こった。ウィリアムズバーグはイーストリバーに接していることもあり、従来からニューヨークの中心的な倉庫・工場街であった。治安も極度に悪く、貨物トラックの運転手でさえ通行を嫌ったと言われている。しかし、輸送技術の変化もあり、使用されなくなった倉庫への居住も含めて、上述のようにロウアー・マンハッタンから多くの若い芸術家が流入してきたため、不動産の価格が徐々に上昇した。ロウアー・マンハッタンや東ロンドンについては、最初に工場の転出があり、その後に芸術家の流入があったが、ウィリアムズバーグでは逆に芸術家の流入によって地代が上昇し、工場が移転を迫られる特異な状況となった。このため工場側からの要望を受けて、1980 年代には市の行政側が芸術家を排除するために居住区域を制限しようとしたが最終的には居住を認めざるを得ず、クラフトビールの工場などの新規立地も含めてジェントリフィケーションが進展した。ズーキン（2013）によれば、1990 年代における同地区の人口に占める芸術家の割合は 20％で、ニューヨーク市の 4 ％、全米の 2 ％と比較すると突出していることがわかる。しかし、ウィリアムズバーグでは一層の商業化の進展によって家賃が上昇し、再び若い芸術家が低家賃の他地区への転出を迫られつつあるため、ドキュメンタリー映画の制作やデモによる、過剰なジェントリフィケーションへの抵抗が始まっている（田中、2013）。

　ジェイコブズの後継者とも称されるズーキンも、居住者が住み続けることのできる街の活性化を理想としているが、ジェントリフィケーションのメカニズムでは居住環境の改善に比例して不動産の価格が上昇し、一部の住民は転出せざるを得ない状況となる。このため、彼女は、その変容を「新たなオーセンティシティ」への移行と定義している。言い換えれば、地区の再生の過程において、住民の入れ替えを完全に防ぐことはできないということを認めた表現とも解釈できよう。

　また、地価の高い都心部に低所得層、地価の低い郊外部に高所得層という住み分け（segregation）が、アメリカの他の大都市圏ではあまり変化していないにもかかわらず、ニューヨーク都市圏では大きく変化している。もと

## 5. その後のニューヨークなどの変化から見た三者の再評価

図2.8 ニューヨーク市の所得分布（世帯所得中央値、2022年）

4,016ドル〜　49,200ドル〜　71,200ドル〜　93,500ドル〜　119,700ドル〜

（出典）https://map.aidsvu.org/hhincome/zip/median/none/none/usa?geoContext=national

もと、基本的な理論では距離あたりの通勤費用がすべての家計で同額と仮定していたが、例えばウォール街の証券会社の経営者のように時給が高額な階層は通勤の時間費用も考慮し、郊外の高級住宅地ではなく、緑豊かな自然が楽しめるセントラルパークが身近に存在するパーク街など、コンシェルジュ兼ボディガードが出入口に常駐しているアッパー・イースト・サイドの高級マンションに住むことが多かった（ちなみに、モーゼスの自宅もこの地区で

あった）。ところが、上述のようなロウアー・マンハッタンなどにおいては、マンハッタンやブルックリンにおけるジェントリフィケーションの影響を受けて、国勢調査区別の1人あたり所得分布を示した図2.8のような階層分布となっている。（ここではマンハッタンを中心とした分布を識別しやすくするため、スタッテン島などは除外している。補論では、ニューヨーク市全体を対象とした別の図を掲載している）。

　これによれば、ハーレムやブロンクスだけでなくロウアー・イースト・サイドにも低所得の家計が多く存在するが、マンハッタンのほとんどの地域では世帯所得の中央値が9万3,500ドル以上となっており、ブルックリンもパークスロープなどの中心地に高所得の地区が拡大している。また、クイーンズは中間層が多く分散も大きいが、市内で最も貧困層が多いブロンクスやブルックリンの東部が、補論で説明する基礎的な理論とは逆に、都心から比較的離れた地区であることがわかる。


## 6. エンパワーメント・ゾーンによるハーレムの再生

　ジェイコブズは基本的に行政側の機械的なスラムクリアランスなどの都市再生手法を批判しているが、第1章でも述べた通り、市場メカニズムは一般に地域・地区による自然・周辺環境や人工的なインフラなどの整備水準を補正するように機能する。例えば、気候が温暖で暮らしやすい地域は賃金が低くても労働者は定着するが、寒冷地の企業は相対的に高い賃金を支給しなければ労働力を得ることができない。また、進学に有利な公立高校が存在する地区は、そうでない地区に比べて地価が高いなど、労働市場や土地・不動産市場が、同じ条件の個人であれば、どこに住んでも同じ効用を達成できるように機能する。

　このような副次的な効果が働くため、一般に特定の地域を対象とした補助金の投入は必ずしも期待される効果を生み出さないが、アメリカで最も成功した政策として、モレッティ（2014）はエンパワーメント・ゾーン・プログラムを挙げている。プログラムの概要は、わが国でも国土交通省の委託を受けた調査報告書（野村総合研究所、2003）などで紹介されているが、貧困層

の多い地域の雇用を増やし賃金水準を改善するために、雇用を創出した企業への税制優遇と地区再開発のための基金が、当時のクリントン大統領の主導の下、1994年から2004年にかけて、最終的に選定されたアトランタ、ボルチモア、シカゴ、デトロイト、ニューヨーク、フィラデルフィア、ロサンゼルス、クリーブランドの貧困地区に提供された。

　モレッティも引用しているように、Busso, et al.（2013）の実証研究では、プログラムに選定された地区と選定から漏れた地区を比較した結果、雇用増加については、前者が後者を約15%、住民の平均時給については約8％上回っていたことが判明した。つまり、限定的な地区への投資の効果が上述のような副次的な効果によって地区外へ流出することもなく、選定された地区の経済を改善したのである。また、上述のロウアー・マンハッタンのようなジェントリフィケーションによる賃貸料の上昇は顕著ではなく、従来の居住者の転出を招くこともなかったという点で、公共的な地区再生の成功例とされている。もちろん、これは短期的な効果の分析であり長期的な影響は異なるかもしれないが、ここでの問題は、この成功事例において、ニューヨークの対象地区となったハーレムは例外（統計的には異常値として除外）とされていることである。

　そこで、ここでは比較的最近の資料を用いて、このプログラムがハーレムに与えた影響をまとめる。ハーレムは現在のニューヨークにオランダ人が入植して以来、マンハッタンの南端に住む高額所得者の別荘地であったが、独立戦争の激戦地となり破壊された後、19世紀後半には当時の郊外として再び高級住宅地となった。20世紀初頭にはロウアー・マンハッタンなどと鉄道が繋がったことで、まずユダヤ系やイタリア系の貧しい移民が流入したが、その頃に建設された大量のアパートの多くが景気の悪化で空き家となった。ちょうどその時期に、19世紀後半の南北戦争による奴隷解放後も人種差別の激しい南部から、比較的差別の少ない北部へとアフリカ系の黒人が大量に移動し、ニューヨークではハーレムに集中的に流入することとなった。特に1920年代を中心に、文学やブルース、ジャズをはじめとした黒人文化が花開きハーレム・ルネッサンスと呼ばれた。アポロシアターやコットンクラブが象徴的な施設であったが、前者は現在もハーレムのシンボル的存在である。しか

し、1929年の世界大恐慌や第二次世界大戦の影響で経済的に苦境に陥り、特に1970年代後半から80年代にかけてはクラック・コカインと呼ばれる麻薬の流行もあり、治安が極端に悪化し「ダーク・ゲットー」と呼ばれる地区もいくつか発生した。当時は観光客だけでなく他地区の住民にとっても、ハーレムは決して近づいてはいけない場所と言われていた。

　その再生を目指して、クリントン大統領によって始まったエンパワーメント・ゾーン・プログラムに南ブロンクスとともに選定されたが、ハーレムではその中心街でありアポロシアターもある125丁目を中心に、アッパー・マンハッタン・エンパワーメント・ゾーン（UMEZ）としての区域を指定し再生事業が実施された。その中核的な組織として発足したUMEZディベロップメントコーポレーション（UMEZDC）の融資などに対して、大規模な企業が新たな商業施設の開店を目指して交渉を申し込んだ。一般の企業への資金援助は低金利の融資であり、補助金は文化事業に充てられた。連邦政府、州、市から、それぞれ10年間で1億ドルの補助金が支給され、計3億ドルのうち、約83%がUMEZに、残りの17%が南ブロンクスに投資された。1994年には、これによって派生的に助成金の2.6倍の民間投資が行われたと言われている。UMEZDCは、そのほかに小規模事業への貸付、非営利団体への補助金支給、事業拡張や企業への助言を行った。有名なプロバスケットボール選手であったマジック・ジョンソンは、1999年にハーレムでは初めてのスターバックスを誘致したほか、2001年には、その前年に完成した巨大なエンターテインメント複合施設ハーレムU.S.A.に大型映画館「マジック・ジョンソン・シアター」を開設した。また、クリントンは大統領退任後に125丁目に個人事務所を移転し、2001年にはクリントン基金により、ニューヨーク大学ビジネススクールの院生を企業の経営コンサルタントとして雇用する場合に補助金を支給した。また、第1章でも述べたように、1994年から2001年まで市長を務めた検察官出身のルドルフ・ジュリアーニが、ニューヨーク市全体の治安の改善に努めたこともあり、ニューヨークはアメリカの大都市では最も安全な都市となり、ハーレムの治安もある程度改善された。

　これらの効果が重なり、ハーレムは新たなルネッサンスを迎えたと評価する向きもあるが、一方では、黒人が経営する小規模な商店が全国規模のチェ

ーン店に置き換えられ、黒人の伝統的な料理（ソウルフード）とは異なるメニューを掲げたレストランが中心街に立地した。ズーキンはこの状況を、低所得の黒人のための場所としてのハーレムのオーセンティシティが破壊されたと表現し、これに賛同する意見も多い。例えば、ハーレムの小売店のうち、チェーン店の割合は、1995年3%、2000年7%、2006年16%となっている。逆に、再開発により駅近くの新築マンションの供給が増え、その周辺にも名の売れた衣料品店が増加したことから、他の地区に住んでいた家計のハーレムに対する抵抗は薄れ、より所得の高い層が流入した。2008年には125丁目のゾーニングの変更が提案され高層ビルが建設可能となったが、既存の住民は激しい反対運動を繰り広げるなど、ジェントリフィケーションを巡る利害対立は顕著である。

Gørrild, et al.（2008）は、裕福な若い非ネイティブの流入により上述のようなソウルフードを提供する飲食店が激減し、125丁目の高層化は商業的には成功しても、文化的には惨事だと主張している。人口移動については後述するが、同レポートによれば、2000～2005年にかけてハーレムから3万2,500人の黒人が流出し、2万2,800人の白人が流入した。住宅価格は10年間で約2.5倍に上昇した。

Adams（2016; 2019）は、ブラックハーレムの終焉として、歴史的な建造物が破壊され、ハーレムはより裕福な白人のためにつくり直されていると指摘している。また、黒人である教会の指導者ですら、不動産価格の上昇に乗じて教会自体を売却していることを批判している。

Arakelianは、ハーレムが黒人の文化的・創造的表現の震源地ではなく、マンハッタンのミッドタウンなどへの通勤者のベッドタウンになろうとしていると指摘している。1993～2010年にかけてセントラル・ハーレムを含む地区での殺人やレイプは71%減少した。また、新たな商業施設や飲食店が立地することでハーレムの環境は改善しているが、伝統的な文化の一部を失うというコストがかかっていると指摘している。

堂本（2020）は複数のレポートで、ジェントリフィケーションにより移転を迫られる黒人層の問題を認めつつ、中流層の黒人と新たに流入した白人によって、新たな文化が生まれつつある点を肯定的に捉えている。また、イー

スト・ハーレムは、以前はイタリア系の移民の街だったが、アメリカ領のプエルトリコから1950年代以降大量の人口が流入し、従来からアフリカ系黒人よりもプエルトリコ系の移民が多く、スペイン語が主流であるためスパニッシュ・ハーレムとも呼ばれている。ところが、近年メキシコからアメリカへの移民が急増するとともに、スペイン語が通じるイースト・ハーレムにメキシコ系の移民が集中した。このためハーレムの中心部とは異なり、プエルトリコ系の商店や飲食店が撤退し、メキシコ系の商店・飲食店が中心となった。このように、通常の地区の再生、あるいはジェントリフィケーションとは異なる変化が起こっている。

　Rosenberg 2018では、ウェスト・ハーレムとイースト・ハーレムの変化について報告している。ウェスト・ハーレムでは、上述のような治安の改善により多くの商店、企業が開業している。しかし、大規模な店舗が増える一方で、家賃の上昇により家族経営の企業は廃業したり転出したりしている。地元の経営者の発言として、ジェントリフィケーションには正負の効果がある。文化の一部は置き換えられたが、犯罪率の低下と平均所得の上昇に加え、住民の多様性が高まっていると報告している。しかし、20年前に月500ドルだったワンルームのアパートが、今では月1,500ドルでも見つからなくなるなど、生活費が指数関数的に上昇している。白人とヒスパニック系の人口が流入し、黒人の人口は減少している。

　イースト・ハーレムは、ジェイコブズも最初に相談に乗っていたように高層の公営住宅が集中しているが、ジェントリフィケーションによる平均所得の上昇もあり、市の政府がゾーニングの見直しを行うため、低所得者向けの住宅が今後減少するとのことである。また、アパートの家賃上昇は、上述のウェスト・ハーレムと同程度である。

　同レポートでは、さらに図2.9に示すように、ニューヨーク市内のジェントリフィケーションの影響を、種々の価格を用いて地区別に比較している。左から、ピザ、ワンルームのアパートの家賃、コーヒー、ベーコンエッグとチーズのサンドイッチ、パイナップルの価格である。これによると、アパートの家賃はウィリアムズバーグが最も高く、ハーレムが低いという予想通りの順となっているが、サンドイッチはイースト・ハーレムが最も高価である

6. エンパワーメント・ゾーンによるハーレムの再生　**41**

図2.9　ジェントリフィケーションによる物価への影響

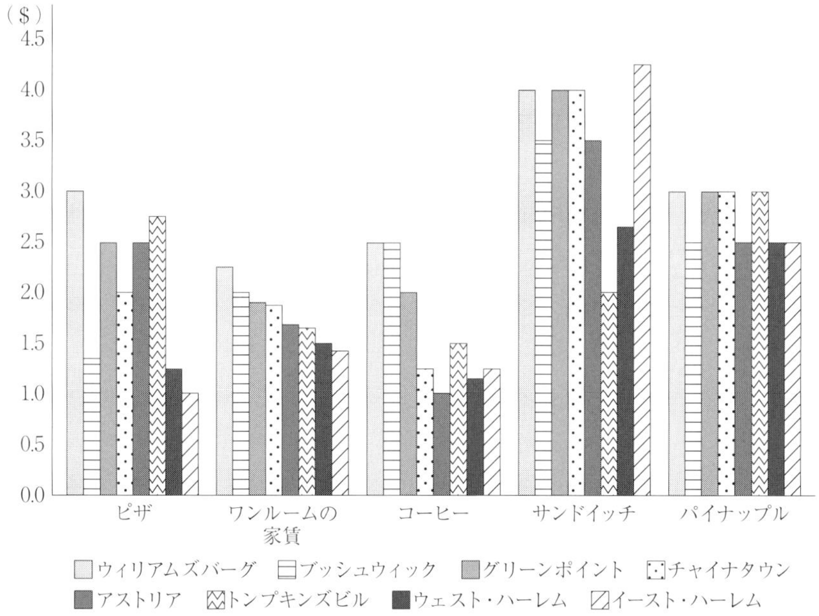

（出典）Rosenberg 2018

など、店舗の立地数といった供給側の競争条件の違いも反映しているようである。

　人種別の人口の変動については、上述のレポートでも散見されるが、ここでは国勢調査結果に基づくニューヨーク市立大学の Center for Urban Research の報告に基づいて検討する。表2.1は白人、黒人、ヒスパニックについて、2000〜2010年の間のハーレムにおける人種別の変化を見たものであるが、セントラル・ハーレム、イースト・ハーレム、ウェスト・ハーレムすべてにおいて、白人の人口が増加し、黒人が減少していることがわかる。白人については、2000年までは人種別の構成割合において低かったセントラル・ハーレムやウェスト・ハーレムでも急に増加し、上述のようにセントラル・ハーレムやイースト・ハーレムの南部が、ミッドタウンなどへの通勤のためのベッドタウン化している影響が大きいと思われる。黒人人口はニューヨーク市全体でも５％程度減少しているが、ウェスト・ハーレムでは20％以

## 表2.1　ハーレム地区の人種別人口の変化（2000-2010年）

| ハーレム | | 全体 | |
|---|---|---|---|
| | | 2010 | 増減 |
| | | 総数 | 2000-2010 |
| セントラル・ハーレム | 北部 | 75,282 | 5,260 |
| | 南部 | 43,383 | 4,310 |
| イースト・ハーレム | 北部 | 58,019 | 866 |
| | 南部 | 57,902 | 1,005 |
| ウェスト・ハーレム | 北部 | 48,520 | − 2,035 |
| | 南部 | 22,950 | − 1,825 |
| ニューヨーク市全体 | | 8,175,133 | 166,981 |

| ハーレム | | 白人 | | | | |
|---|---|---|---|---|---|---|
| | | 2010 | 増減 | 増減率 | 2010 | 2000 |
| | | 白人 | 2000-2010 | 2000-2010 | 人口割合 | 人口割合 |
| セントラル・ハーレム | 北部 | 4,344 | 3,473 | 399.2% | 5.8% | 1.2% |
| | 南部 | 6,978 | 5,594 | 404.5% | 16.1% | 3.5% |
| イースト・ハーレム | 北部 | 3,936 | 2,130 | 117.8% | 6.8% | 3.2% |
| | 南部 | 10,072 | 3,559 | 54.6% | 17.4% | 11.5% |
| ウェスト・ハーレム | 北部 | 5,287 | 3,691 | 231.3% | 10.9% | 3.2% |
| | 南部 | 1,710 | 1,198 | 233.5% | 7.5% | 2.1% |
| ニューヨーク市全体 | | 2,722,904 | − 78,363 | − 2.8% | 33.3% | 35.0% |

| ハーレム | | 黒人 | | | | |
|---|---|---|---|---|---|---|
| | | 2010 | 増減 | 増減率 | 2010 | 2000 |
| | | 黒人 | 2000-2010 | 2000-2010 | 人口割合 | 人口割合 |
| セントラル・ハーレム | 北部 | 50,494 | − 5,453 | − 9.7% | 67.1% | 79.9% |
| | 南部 | 24,241 | − 4,091 | − 14.4% | 55.9% | 72.5% |
| イースト・ハーレム | 北部 | 20,625 | − 2,694 | − 11.6% | 35.5% | 40.8% |
| | 南部 | 14,227 | − 1,931 | − 12.0% | 24.6% | 28.4% |
| ウェスト・ハーレム | 北部 | 15,646 | − 5,366 | − 25.5% | 32.2% | 41.6% |
| | 南部 | 5,918 | − 1,656 | − 21.9% | 25.8% | 30.6% |
| ニューヨーク市全体 | | 1,861,295 | − 100,859 | − 5.1% | 22.8% | 24.5% |

| ハーレム | | ヒスパニック | | | | |
|---|---|---|---|---|---|---|
| | | 2010 | 増減 | 増減率 | 2010 | 2000 |
| | | ヒスパニック | 2000-2010 | 2000-2010 | 人口割合 | 人口割合 |
| セントラル・ハーレム | 北部 | 17,188 | 6,350 | 58.6% | 22.8% | 15.5% |
| | 南部 | 9,145 | 1,632 | 21.7% | 21.1% | 19.2% |
| イースト・ハーレム | 北部 | 30,601 | 125 | 0.4% | 52.7% | 53.3% |
| | 南部 | 27,499 | − 2,610 | − 8.7% | 47.5% | 52.9% |
| ウェスト・ハーレム | 北部 | 25,324 | − 648 | − 2.5% | 52.2% | 51.4% |
| | 南部 | 14,413 | − 1,508 | − 9.5% | 62.8% | 64.3% |
| ニューヨーク市全体 | | 2,336,076 | 175,522 | 8.1% | 28.6% | 27.0% |

（出典）The City University of New York

上減少している。その他のハーレムの地区でも10%あるいはそれ以上減少しており、上述の通り、エンパワーメント・ゾーン・プログラムがジェントリフィケーションの過程で、不動産市場のメカニズムを通してハーレムにもたらした副作用はきわめて大きかったことがわかる。また、ヒスパニックについては、もともと人種別の構成割合において高いイースト・ハーレムとウェスト・ハーレムでは微減の傾向にあるが、セントラル・ハーレムにおける増加が顕著であり、同地区の人種の多様化が進んでいることがわかる。

# 第**3**章

# ヨーロッパにおける都市の衰退と再生

## 1. ロンドンの事例

　ロンドンに関しては、図3.1に示すショアディッチを中心とした東ロンドンとそれに関連するペッカム、公的な再開発が行われたカナリーワーフおよびオリンピック・スタディアム周辺を対象として、ジェントリフィケーションの原因と結果について考察する。

### （1）東ロンドン（イーストエンド）

　第１章でも述べた通り、イギリスは現在でも王室を筆頭とする貴族階級が存続している国であり、所得水準による社会的階層が居住地やその環境にも影響しているが、首都であるロンドンはかつての植民地からの移民をはじめとする多くの移民が居住しており、３代前からのイギリス人は40％程度とも言われている。その中でも、近年、ジェントリフィケーションの代表例として注目を集めているのは東ロンドン（イーストエンド）である。イーストエンドでは、フランス、アイルランド、ヨーロッパ大陸のユダヤ系、バングラデシュからの移民の流入と集中的な居住により貧民街が形成された。例えば、宗教戦争をきっかけとして、プロテスタントのフランス人が16〜17世紀にかけて大量に流入するなど、大陸からの宗教上の理由での逃避も多く、テムズ川に近く、海運業や織物業などの職人の労働需要が多い地区だったため、低所得層の居住地域としての歴史が長く続いた。このため、治安が悪いことでも有名で、19世紀末に起きた「切り裂きジャック」の事件が象徴的である。

　例えば、チャールス・ブースが1889年に発表した「ロンドン貧困地図」によれば、図3.2および図3.3のようにショアディッチから東北に隣接する地区にはほとんど最貧困層が居住していたことがわかる。

46　第3章　ヨーロッパにおける都市の衰退と再生

図3.1　ロンドンにおける対象地区

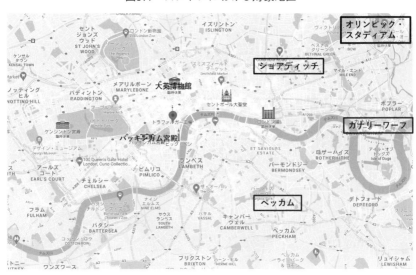

（出典）Google Maps

　産業構造の変化による織物業や造船業などの衰退により、東ロンドンはますますスラム化したが、その後、第2章で取り上げたニューヨーク市のソーホー（SOHO）やウィリアムズバーグなどと類似したジェントリフィケーションのメカニズムが機能した。すなわち、図3.4に示すように、低所得の多民族で構成される地区において産業の衰退によって地価・家賃が低下することにより、1990年代後半から、低い賃貸料と自由な雰囲気・環境を好む画学生や若い芸術家が廃業した工場などに住み着き、再活性化が進んだ（図3.5）。
　また、建築物の所有者の許可があればストリートアートが認められている影響も大きく（図3.6）、現存するバンクシーの作品も数点あることから（図3.7）、最近は、それらが観光客を惹き付ける誘因となっている。このため、近年のロンドンでは、伝統的なウェストエンドのバッキンガム宮殿、ウェストミンスター寺院、ナショナルギャラリーや大英博物館などを周遊するだけでなく、東ロンドン（イーストエンド）を回遊する観光客が目立つようになった。いまだにウェストエンドに比べると治安は悪いと言われているが、かつてのような状態は大幅に改善されている。

図3.2 東ロンドンの貧困地図

■ 最下層。凶悪、半犯罪者が多い　　■ 中間層以下だが所得は十分ある
■ かなりの貧困層　　　　　　　　　■ 中間層で裕福
■ 貧困層。週18〜21シリングの家計が多い　■ 中間層上部と上流階級。富裕層
■ 中間層と貧困層が混在

（出典）London School of Economics and Political Science, 2016

　上述のような自然治癒的なジェントリフィケーションは、まさにジェイコブズの予想した都市再生メカニズムに近いが、東ロンドンは図3.3に示した通り、伝統的な国際的金融中心のシティに近いことから、2008年頃よりIT系のスタートアップ企業が次々と流入し、当時のキャメロン首相が主導してイギリス政府が発表したEast London Tech City構想がきっかけで、2010年頃には企業数がさらに急増した。その中心はオールド・ストリート駅のラウンドアバウトであったため、オールド・ストリート・ラウンドアバウトあるいはシリコン・ラウンドアバウトとも呼ばれる。この構想は、税制優遇措置、

図3.3 ショアディッチ駅、シティ、シリコン・ラウンドアバウトと貧困地図の位置

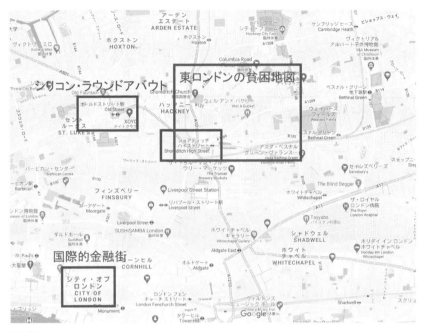

(出典) Google Maps

図3.4 東ロンドン（イーストエンド）の再活性化メカニズム

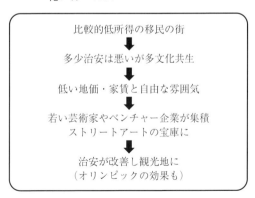

1. ロンドンの事例　49

図3.5　若い芸術家が住み着く工場跡とアトリエ

松本和彦氏撮影
（注）写真の出典は松本氏のブログだが、現在は「談話室松本」に移動している。

図3.6　画学生のガイドの案内でストリートアートを楽しむ観光客

筆者撮影

図3.7　バンクシーの作品

多くは撤去されたが、残った作品は人気が高い
（出典）左：https://news.infoseek.co.jp/article/gotrip_101071/#goog_rewarded、右：筆者撮影

教育や投資を含む情報技術に特化した積極的な誘致政策であったが、金融街が近いため、フィンテック、広告代理店、デジタル分野などの新興企業が多数集まった。このため、ショアディッチ付近にはWeWorkをはじめとして多様なコワーキングスペースが多数立地しているだけでなく、グーグルやマイクロソフトがスタートアップのための教育施設も開設している。また、仕事のできるカフェや、同業者との情報交換ができるバーやパブも多い。

ジェントリフィケーションの過程でITベンチャーが集積するのは、ニューヨークのシリコンアレーと類似している。ニューヨークの場合も、公共部門が当時はあまり普及していなかった光ファイバーを各部屋に配線したビルを提供してIT企業の誘致・育成を図ったが、むしろ、より自然発生的にソーホーやビレッジから周辺に広がったベンチャー企業が数多く見られる。相対的には、東ロンドンの方が公共部門の誘導政策がより大きな効果を与えた事例と思われる。

ところで、第2章で紹介したように、ニューヨークの場合はジェントリフィケーションによる不動産価格の上昇により、その過程で最初に住み着いた若い芸術家がソーホーやグリニッジ・ビレッジから近隣のウィリアムズバーグなどへ移転してしまい、ヤッピーと呼ばれる自由な都市生活を好む若い高所得層の街になってしまったため、ジェイコブズの主張した都市再生のプロセスは永続性に欠けるという問題点を有する。同様に、東ロンドンの場合も治安や環境の改善に伴い不動産価格が上昇したため、成功したITベンチャーや金融業で働く比較的所得の高い層は別として、若い芸術家などは住むことができなくなり、テムズ川右岸のペッカムへ移動している（Inoue, 2019; 2020; 図3.8）。

ロンドンでは、上述のようにウェストエンドと呼ばれる地区を中心にテムズ川左岸の方が住民の所得が高い。ペッカムも最近の人口構成は、アフリカ／カリブ海系の黒人が50.4％、白人が29.2％、アジア系が9.1％、混合／複数の民族グループが7.1％、その他が4.2％となっており、移民の割合が高く、チャールス・ブースの「ロンドン貧困地図」でも19世紀末から比較的低所得層が多かったことがわかる。特に、1980年代にはロンドンの最貧地区と呼ばれ、犯罪や暴動も多く発生した地区であった（Inoue, 2019; 2020; Peckham,

図3.8　芸術家のペッカムへの移動

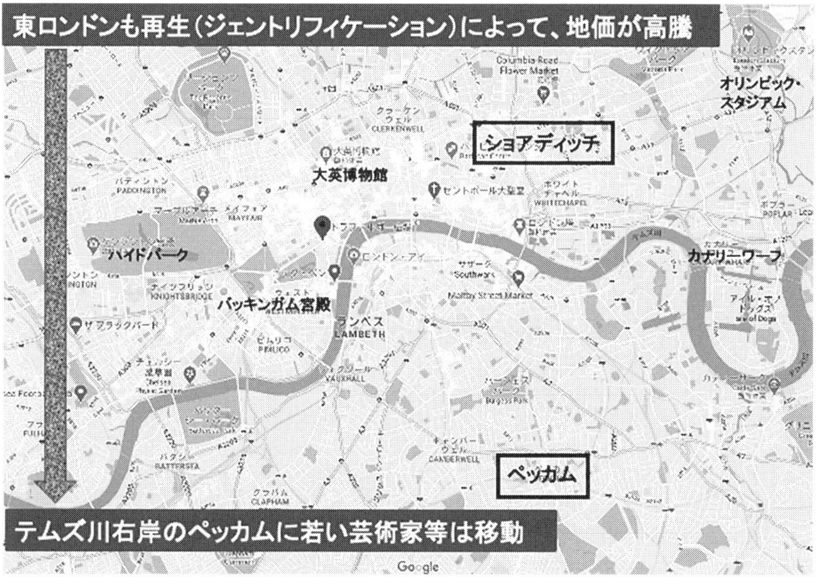

東ロンドンも再生（ジェントリフィケーション）によって、地価が高騰

ショアディッチ

大英博物館

オリンピック・スタジアム

ハイドパーク

カナリーワーフ

バッキンガム宮殿

ランベス
LAMBETH

ペッカム

テムズ川右岸のペッカムに若い芸術家等は移動

（出典）Google Maps

Wikipedia）。

　このため、1990年代以降、EU やイギリス政府などが都市再生プロジェクトを立ち上げ、図3.9のような現代的デザインの図書館を建築したほか、道路や住宅の改善に多くの資金を提供した。その一環として、地元の美術大学 Camberwell College of Arts の卒業生などがギャラリーを持ち、図3.10のようなストリートアートにより、街を明るくする活動を行っている。

　元来、ロンドン市内としては不動産の価格が比較的低く、世界各国の料理店が立地しているなど、多民族の混住により自由な雰囲気が存在することから、若い芸術家や IT ベンチャーを惹き付けていると思われる。このため、ストリートアートだけでなく、東ロンドンよりもカジュアルなコワーキングオフィスも提供されている（ウォード、2018; Peckham Levels など）。

　総じて、ペッカムについては公共部門による都市再生プロジェクトの効果がまだ持続しており、ジェントリフィケーションがもたらす極端な地代上昇

図3.9 ペッカムの再生プロジェクトで造られた図書館

（出典）ウィキペディア

図3.10 ペッカムのストリートアート

（出典）Reynolds, 2016

による低所得者の転出の問題は、今のところ、生じていない。

(2) カナリーワーフ

　図3.1に示したように、カナリーワーフは、大西洋からテムズ川を遡るとロンドンの中心部の手前にあるため、商業埠頭および倉庫や、造船業が立地したドックランドなどがあり、伝統的に海運業に関連した産業の中心地であった。しかし、造船業の衰退などによりスラム化したために、1981年にサッ

1. ロンドンの事例　53

図3.11　カナリーワーフ

（出典）ウィキペディア

チャー政権がロンドン・ドックランズ再開発公社を設立し、公的な都市再開発のプロジェクトを立ち上げた。1987年には同公社が、大規模オフィス開発企業オリンピア・アンド・ヨークと120万 $m^2$ の金融ビル建設を合意し、巨大なオフィスビルが並ぶ近代的な副都心となり、金融業も多く立地したため、シティに並ぶ国際的金融街ともなった（図3.11）。

　したがって、公共部門主導の都市再生事業の成功事例として紹介されることも多いが、実際にカナリーワーフに居住した経験者の報告によれば、まったく問題がないとは言えないようである（以下、ロンドンにいた原田、2017より一部抜粋。表記などは本書に合わせて修正）。

- 白人がめったにいない。たまにいても、少なくともフランス語・イタリア語・ポーランド語ではない、何語かわからない言葉で話している。
- 道行く人の8割は、民族衣装を着たイスラム教徒。
- 会社まで1.5 kmほどの道程で、雨が降った翌日は壊れた傘が20本以上路上に捨ててある。
- 週末の夜はラップ合戦になり、通りがとてもうるさい。
- 犬の糞はそのまま放置。
- 電話ボックスに人糞がある。

- 駅の階段はホームレス臭で吐きそう。
- 同居している家主が5週間ニューヨークに出張した際は「絶対に一人だとバレないように」と重々注意された。

　ちなみに、カナリーワーフでも再開発の中心部を離れると、ビジネス街とは言えない雰囲気になるという指摘はほかにもあるので、カナリーワーフ全体が再開発によって整然としたビジネス街になったわけではなく、昼間人口と夜間人口の人種や所得の違いが問題の根底に存在しており、やはり多民族の混住には困難が伴う点は解消されていないことがわかる。

## （3）オリンピック・スタディアム周辺

　2012年に開催されたロンドンオリンピックを契機に、それまで廃棄物処理施設や倉庫が立ち並んでいたストラットフォード地区に、自然保護公園をはじめ、住宅、オフィス、商業地区などが整備され、7 km$^2$に及ぶ近代的なニュータウンが建設された。特に、この地区は重化学工場などが立ち並んでいた工場地帯であり、大量のダイオキシンなどの有毒な化学物質やガソリン、鉛、タールなどによる土壌汚染が放置されていた。このため、土壌洗浄装置などにより、約230万 m$^3$に及ぶすべての土壌を洗浄した。

　また、リー川の川底を浚渫して川を浄化し、水辺を広大な緑地に再生した。川に沿って30万本の湿地植物、4,000本の英国産樹木を植林することにより、オリンピック・パークの総面積2.5 km$^2$のうち、約40％が緑地帯となった。オリンピック開催後は、クィーン・エリザベス・オリンピック・パークとして整備され、年間900万人が訪れるロンドン東部地域のランドマークとなった。

　このような環境整備・改善のほかに、オリンピックの開催に合わせて隣接するストラットフォードシティを再開発した。具体的には、ストラットフォード駅の隣にヨーロッパ最大の都市型ショッピングセンターを建設し、周辺の住民の利便性を改善した（図3.12）。

　わが国でも東京オリンピックの選手村として建設した晴海埠頭のマンションを、オリンピック終了後に一般用の住宅として転用したが、ロンドンオリ

## 1. ロンドンの事例　55

### 図3.12　オリンピック・スタディアム周辺

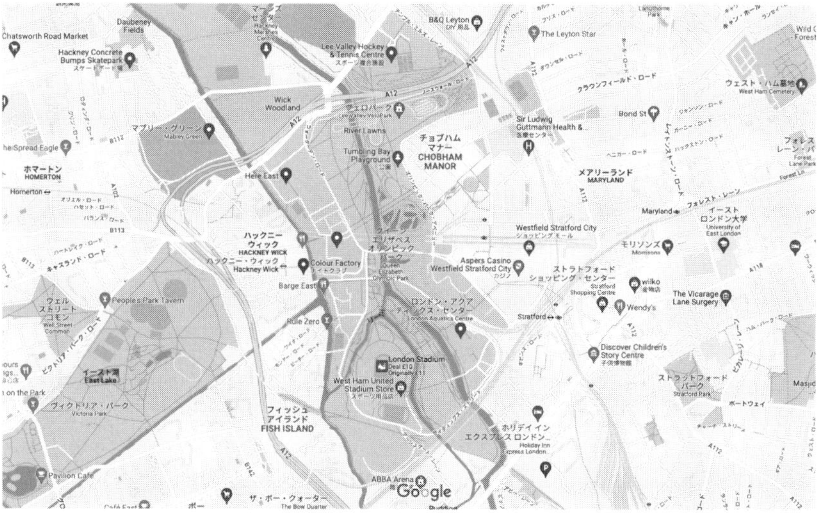

（出典）Google Maps

ンピックでも選手村として建設した11棟の建物を「イースト・ビレッジ」と呼ぶ住宅地とした（図3.13）。それらは2,800戸の一般住宅に改築されたが、そのうち約半数は低所得者向けのアフォーダブル住宅として活用された（Chandler-Wilde（2024）によれば最終的には37％に引き下げられた）。また、近接して、5つの住宅地が開発され、約1万1,000人の住民が暮らす街となったが、この約3分の1は低所得者向けの住宅となった。さらに、美術館・博物館、劇場などを備えた複合文化施設や、医療センター、ビジネスオフィスなども整備される計画で、東部地域に新たな近代的ニュータウンが出現することとなる（廣谷、2019）。

　アフォーダブル住宅はアメリカなどでも用いられている低所得者用の施策であるが、第2章でも述べた通りニューヨークでは十分な効果が得られていない（ズーキン、2013）。従来、ロンドンでは公営住宅を低所得者用に供給し、一定の年限が経つと安価で払い下げる施策によって低所得者への援助を行っていたが、今回のアフォーダブル住宅にどの程度の効果があったかは、今後検証する必要があろう。

図3.13 オリンピック選手村

(出典) ペリー・ジャパン株式会社 HP

　さらに、千葉銀行ロンドン支店 (2019) によれば、やはりジェントリフィケーションの副作用として不動産価格は上昇したとのことであり、オリンピック・パークの北部では、2012〜2017年の上昇率が101％に及んだため、(おそらく賃貸住宅に居住していた) 価格上昇に対応できない住民は転出せざるを得なかったことが報告されている。同様に、Chandler-Wilde (2024) によれば、ストラットフォードにおいても、オリンピック公園内の2ベッドルームのアパートは周辺のアパートより約25％高額である。また、ロンドンにおいても新たな開発や高級化により人種などの多様性は失われており、ブルームバーグの調査によれば、この地域の人口は約9,400人から3万400人に増加したが、黒人は約2,900人から5,200人への増加にとどまっているとのことである (Konotey-Ahulu and Pogkas, 2023)。

## 2. トリノの事例

　イタリアにおけるフォーディズムの代表的な工業都市であったトリノは、1970年代半ば以降、フィアットの衰退とともに人口減少に転じたが、その後

図3.14　クロチェッタ地区とサン・サルヴォリオ地区

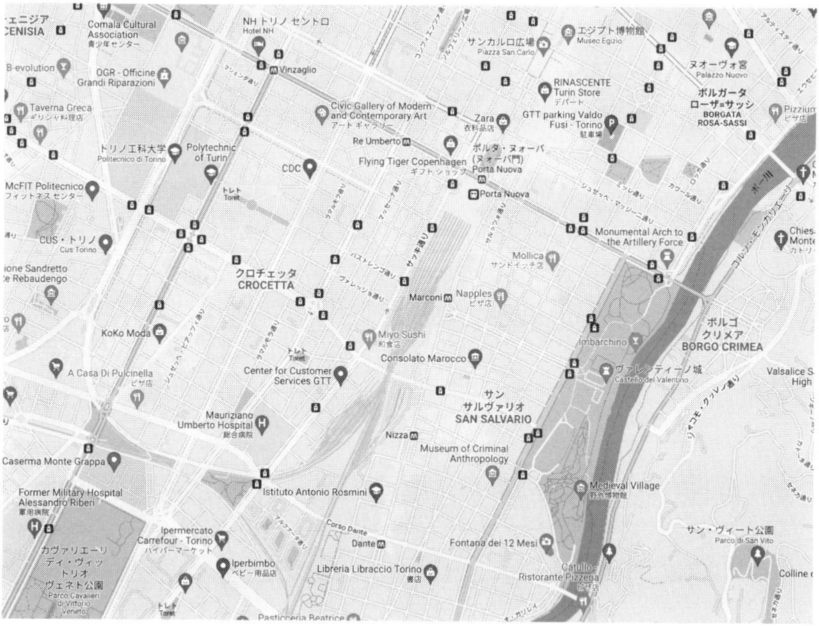

（出典）Google Maps

　の脱工業化、都市再生プロジェクトにより、工場跡地の用途変更、中心部に
おける鉄道の地中化や街並みの修景整備が進められ、「トリノの奇跡」と呼
ばれるまでに復活した。それとともに、国内外からの観光客も増加している。
このような都市再生を背景として、旧城壁の南側に位置し、歴史的な中央駅
であったトリノ・ポルタ・ヌオーヴァ駅の西側に位置するクロチェッタ地区
と東側に位置するサン・サルヴォリオ地区との比較によりジェントリフィケ
ーションの影響や性格の違いを考察した矢作（2017）、ボルゾーニ（2017）
を参照することにより、ここではニューヨークなどアメリカの都市との違い
も検討する（図3.14）。
　クロチェッタは、トリノ・ポルタ・ヌオーヴァ駅の近辺に商店街や露店が
あるものの、基本的には中流階級でも比較的上位の市民のために開発された
街であり、自動車を保有する階層の居住を想定して、比較的幅員の広いポプ

ラの並木道が縦横に整備され、戸建ての豪邸や高級な集合住宅が街並みを形成している。一般的に、イタリアの都市は歴史的な建築物が第二次世界大戦で破壊されていないので、城などを中心とした旧市街地に富裕層が居住し、低所得層は外郭に住むという形態が今でも続いている。その点でも、補論で詳述する都市経済学の理論的分析から導かれる、交通費用などの条件を同一とした場合の都心に低所得層、郊外に高所得層という住み分けとは逆のパターンが一般であるが、これは都市の形成された歴史的、時間的経緯や制度的な制約を基本的な理論モデルでは考慮していないことによる。

このため、現在でも工業都市時代に仕事を求めて流入した外国人がほとんどいない単一人種のコミュニティであり、エスニック料理店も存在しない。また、トリノ工科大学の本部や現代美術館があり、トリノの文教地区ともなっている。

第2章で詳述したように、ジェイン・ジェイコブズの都市活性化の「4条件」は下記の通りである。

①同じ地区が2、3以上の機能を有すること（時間帯により異なる用途があること）
②街区の長さが短いこと（スーパーブロックの否定）
③年代・用途の異なる各種建築物の混在（多様な職業・所得層の混在）
④十分に高い人口密度

トリノ市全体の衰退と再生の影響は皆無とは言えないが、クロチェッタ地区の場合、スーパーブロックではないものの、後述するサン・サルヴォリオ地区に比べれば街区は長く、ジェイコブズの4条件を基本的に満たしていないにもかかわらず、集合住宅を含めて継続的に良好なコミュニティとして存続している。ジェイコブズは、セントルイスのプルーイット・アイゴーや、ニューヨークにおける単純なスラムクリアランスと、その跡地に建設された単調な公営住宅における急速な治安の悪化などを念頭においているが、例えばニューヨークでもパーク街の高所得層のアパート群は衰退せず、良好な居住環境が維持されていることを参考にすれば、クロチェッタ地区は後者に類

似した地区という解釈も可能である。また、クロチェッタ地区はもちろん、サン・サルヴォリオ地区においても、基本的に持ち家比率が高いことが、ニューヨーク市内の衰退や再生を巡る状況とは異なる結果をもたらしている可能性が高い。本書「おわりに」でも触れるが、自宅を所有することでジェントリフィケーションのもたらす家賃の高騰の影響が緩和されるというニューヨーク市クイーンズのジャマイカ地区の指導者の主張の通り、トリノの両地区の状況も持ち家比率が高いことがジェントリフィケーションの副作用を減少させていると考えることができる。

　サン・サルヴォリオ地区については、当初の開発計画から、比較的多様な用途を許容する地区とされたことから、一般的な街路の幅員は12ｍと狭く、通過交通を想定した広幅員の街路は東西方向に２本のみであり、南北方向にはない。建築物の多くは中層のアパートであり、１階は商業用途であるが、２階以上は住宅となっている。フィアットの創業地でもあり、以前からイタリア南部から流入した労働者が居住していたが、フィアットの衰退後は一時売春、麻薬取引などが目立つようになり、治安の悪化から地代が低下した。このため、1980年代以降、東欧、アフリカなどから移民の流入が起こり、ユダヤ協会やモスクなども立地し、エスニック街となった。また、周辺に大学が多いこともあり、「学生街区化（studentification）」により、若者の多い自由な雰囲気への変容も見られる。2010年代からはジェントリフィケーションの影響もあり4D（danger, decline, decay, drug-dealing）の解決が主張され、一部ではエスニック系の排除も起こった。しかし、今でも基本的には混合居住が基本であり、治安もそれほど悪くないと言われている。この点でも、２階以上の住宅の個人所有率が高いため、国内外からの移民の流入の激しい時期においても極度のスラム化は避けられたと思われる。

　一方で、住宅の多くは19世紀末から20世紀初頭に建設されたこともあり、賃貸の場合も比較的安価であるため、国内外からの移民が流入する一因になったと思われる。実際、サン・サルヴォリオ地区の外国人比率は26％（トリノ市全体では14％）、外国人経営のビジネスは26.5％（トリノ市全体では12.2％）と高い。

　上述のジェイコブズの４条件に関してはサン・サルヴォリオ地区の方が合

致しているが、21世紀に入ってから、フィアットの衰退を受けて「製造業都市」から「消費都市」への移行という行政の都市戦略により正負の影響が顕著になった。具体的には、歴史と文化を前面に押し出し、観光客の誘致を目指して「文化、革新、チョコレート、歴史、芸術、ナイトライフ、映画、味覚、買い物」などを個々にアピールする項目とし、イタリア全体での商業活動の規制緩和もあり、営業時間の規制廃止や金融機関による融資の活発化などにより、サン・サルヴォリオ地区における夜間の飲食店が急増した。特に、バルと呼ばれる軽食とワインやビールを主に提供する割安な店舗が多くなった。

　トリノにおけるバルの客層については、第2章で述べたニューヨークのグリニッジ・ビレッジのヤッピーのような高所得のおしゃれな若者ではなく、服装などに関しては高価ではない新進アーティストの作品を好むが、一時契約の専門職など、それほど所得の高くない「新しい中間層」と呼ばれる若者が多いため、ジェントリフィケーションによる住宅の賃貸料への影響も少ないと思われる。

　賃貸料の問題とは別に、日本と違って、欧米では住宅横の路上駐車が認められている例が多いが、バルやレストランなどが少額の賃料を市に納付することで、店の前面の道路の一部にテーブルや椅子を置いて店を拡張できることから、上階の住民が駐車できなくなるといったトラブルが多くなっている。さらに、伝統的に工場の労働者の居住地であり、早寝早起きといった規則正しい生活習慣を維持している住民が多い中で、深夜まで酒に酔ったバルの客の大声が路上から聞こえることによる苦情も多く、「ナイトライフ」による地域振興策が地元住民の間に対立を生んでいる。また、バルなどは夜間しか営業していない店も多いため、夜間の賑わいが増した代わりに、昼間はシャッター通りになるという問題も起きている（図3.15）。

　賃貸料は、1階の店舗については上昇気味だが、上述のように2階以上の住宅については持ち家世帯が多いこともあり、あまり上昇していない。

　上述したサン・サルヴォリオ地区の問題は、同じくイタリアのベネチアやフィレンツェで生じているオーバーツーリズムと呼ばれる問題とも通じる点が多い。世界各国で、ポスト製造業の主要産業として観光振興が叫ばれてい

図3.15　サン・サルヴォリオ地区のアパートとレストラン

（出典）Google Maps

るが、短期滞在とはいえ、他の国や地域から多数の人間が都市の中心部、繁華街を訪問することにより、現地に居住している人々の日常生活に負の外部効果をもたらしている。しかし、観光で生計を立てている住民も多いため、観光客の増加を巡っては地元の住民間で利害が一致しないことが多く、単純な解決策はないことが多い。

## 3. ヨーロッパの事例による示唆

　東ロンドンの事例では、ニューヨークのソーホーと同様に、町工場が衰退した後の寂れた地区に低い賃貸料に惹かれて若いアーティストやITベンチャーが流入し、結果的に伝統的な下町が再生した。自然に治安も回復したが、その結果として賃貸料の上昇というジェントリフィケーションの中核をなす現象が起こり、低所得層は転出を迫られるという問題が発生した。この中には、そのジェントリフィケーションを最初に引き起こした「gentrifier」であった若いアーティスト自身も含まれる。結果的に彼らが移転したペッカムも、従来ロンドンでは最も治安の悪い地区であり、イギリスが当時所属していたこともありEUも経済的な再生への援助を行ったが、東ロンドンと同様に若い芸術家が転入したこともあり、住環境は大きく改善した。また、同地

区はロンドンの中でもアフリカなどからの移民が多いが、治安の改善に伴って各国の伝統料理が観光客を惹き付けるようになりつつある。

　また、機械系の工場地帯で土壌が汚染されていたストラットフォード地区を、オリンピック開催に伴い公的な資金で全面的に浄化した事例は、単なるスクラップアンドビルドではなく、街の再生に政府の果たすべき役割の好例と考えられる。

　また、本書「おわりに」でもジェントリフィケーションの副作用を防止するための対策として、住宅を賃貸するのではなく購入する手法を紹介するが、トリノのサン・サルヴォリオのように下町とはいえ安定した地区の事例は、その参考例とも言えよう。

# 第4章
# 地理的な所得格差と企業の移転

## 1. シリコンバレーの成長

　アメリカの1950年と2023年における州別の1人あたり所得を、それぞれ図4.1と図4.2に示す。

　これらの図を比較すれば、ニューヨーク州やカリフォルニア州は継続して平均所得が高いが、第1章で紹介したラストベルトを構成するミシガン州、オハイオ州、インディアナ州の平均所得が下落し、シアトルの属するワシントン州、コロラド州、ワイオミング州などは上昇していることがわかる。また、第5章で紹介するピッツバーグが位置するペンシルベニア州の西部はラストベルトに含まれているが、州としては東部のフィラデルフィアまで異なる産業構造の地域が属しているので、落ち込みは小さいように見える。ワシントン州はボーイング、マイクロソフトに加えて、近年はシアトルに本社を置いたアマゾンの影響が大きく、後述するシリコンバレーと同様に不動産価格の上昇が大きい。コロラド州は主として軍司令部を含めた航空宇宙産業と後述するようなIT産業の立地があり、ワイオミング州は豊かな鉱物資源が平均所得に貢献していると思われる。第1章で紹介したように近年アメリカが比較優位を有するFTE部門において、ニューヨーク州はニューヨーク市を中心として国際的な金融（Finance）の中心であるため、当然所得も高い。

　他の、技術（Technology）および電子工学（Electronics）の代表的な集積地であるカリフォルニア州のシリコンバレーは、第二次世界大戦以前から無線通信と真空管を中心とした初期のエレクトロニクス産業が存在していた。特に1891年に創設されたスタンフォード大学の卒業生が、1909年に近郊のパロアルトにFederal Telegraph Company（FTC）を設立して無線電信の事業を開始し、海軍の業務などを受注したことにより、西海岸の初期のエレク

64　第4章　地理的な所得格差と企業の移転

図4.1　1950年のアメリカの州別1人あたり所得

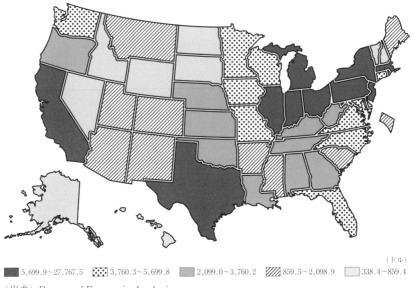

（ドル）
■ 5,699.9〜27,767.5　　3,760.3〜5,699.8　　2,099.0〜3,760.2　　859.5〜2,098.9　　338.4〜859.4

（出典）Bureau of Economic Analysis

図4.2　2023年のアメリカの州別1人あたり所得

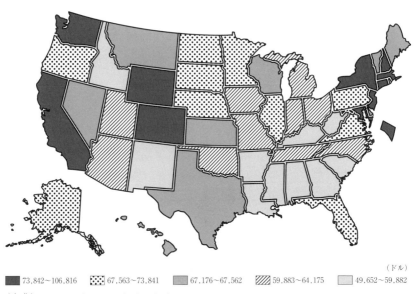

（ドル）
■ 73,842〜106,816　　67,563〜73,841　　67,176〜67,562　　59,883〜64,175　　49,652〜59,882

（出典）Bureau of Economic Analysis

図4.3 アメリカの大都市圏における平均個人所得（ドル）の伸び（1991-2021年）

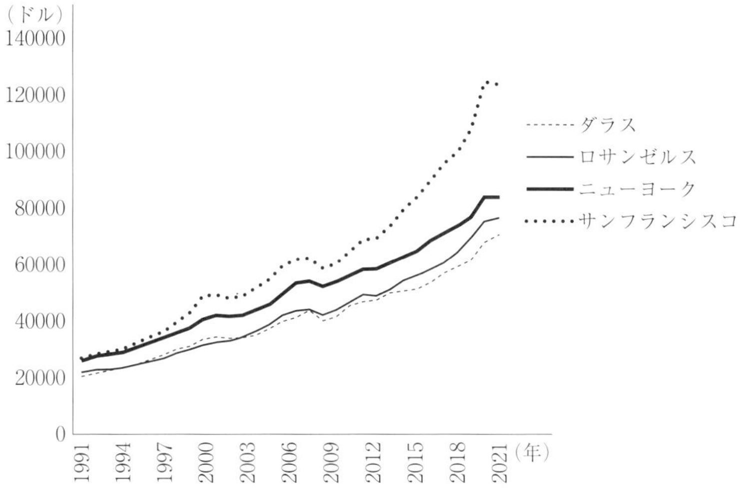

（出典）Bureau of Economic Analysis

トロニクス産業は軍需産業として発展した（小野、2013）。その後、大学院生であったウィリアム・ヒューレットとデイヴィッド・パッカードが起業して発振器を開発し、ディズニーの映画にも使われた。1951年には、スタンフォード大学が大学の敷地を活用して工業用地を提供し、大学教授や卒業生の起業が容易になった。また、トランジスタの発明者の一人であるウィリアム・ショックレーが、1955年に「ショックレー半導体研究所」を設立し、そこから分化したフェアチャイルドセミコンダクターや、さらにインテルをはじめとする多くの半導体企業が生まれたことから「シリコンバレー」と呼ばれるようになった。その後、アップル、ナショナルセミコンダクター、グーグル、フェイスブック、アプライド・マテリアルズ、ヤフー、アドビ、シスコシステムズなどに代表されるソフトウェアやインターネット関連企業が多数生まれ、IT 企業の国際的な一大拠点となっている。

　代表的な大都市圏における1991〜2021年の平均的な個人所得の伸びを図4.3に示すが、サンフランシスコ大都市圏の所得の上昇が最も顕著である。また、最近のシリコンバレーの企業立地を図4.4に示すが、日本企業も含めて、世界の技術開発の中心地として多くの一流企業が集積していることがわ

## 図4.4　シリコンバレーの企業立地

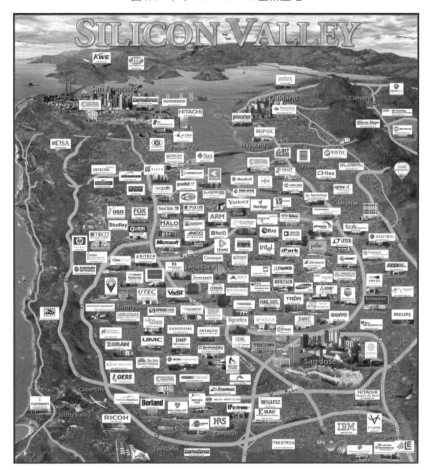

（出典）Act House, 2015

かる。

　Act House（2015）やナン、シャンボー（2018）などによれば、一流大学を卒業したシリコンバレーのエンジニアの初年の年収は1,000万円を超え、博士号取得者はさらに数百万円が上乗せされる。数年間継続して勤務しているエンジニアの年収は3,000万円を超え、同地域では年収1,300万円以下は低所得層という区分となっている。高所得層が多いことが不動産価格にも影響

1. シリコンバレーの成長　67

図4.5　シリコンバレーに研究所を設置している自動車メーカー

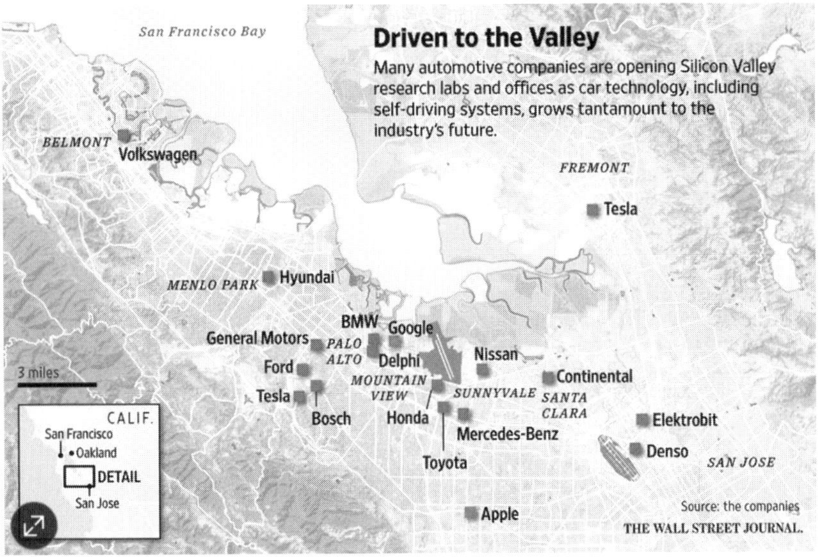

（出典）Shimoda, et al., 2018

し、住宅も戸建てで１億円、アパートの家賃が年800万円という状況となっている。このため、この地域で働く一般の低所得労働者は「ワーキング・ホームレス」として、キャンピングカーでの生活を余儀なくされているという事例もしばしば紹介される。これについては、アップルが自主的に低所得者向けの住宅の提供を始めているほか（iPhone Mania, 2020; 木村、2021）、アマゾンもシアトルで同様の取り組みを行っている（細谷、2022）。しかしながら、第２章で紹介したように、ニューヨーク市でも以前より「低所得者向けの住宅の供給（affordable housing）」について同様の取り組みは存在するが、実際にはあまり機能しておらず、大きな効果は期待できないと思われる。
　ちなみに、現在、自動車業界で競争が激化している「CASE：Connected（コネクテッド）、Autonomous/Automated（自動化）、Shared（シェアリング）、Electric（電動化）」への流れの中でも、最も中心課題となっている自動運転に関しては、図4.5に示すようにデトロイトに本社を有するアメリカの自動車メーカーはもとより、日本、ドイツ、韓国などの関連企業が研究所

を設置している。自動運転技術は最先端のIT技術を基盤にしていることから、当然の立地選択と考えることができよう。

　しかし、上述のように、不動産価格や労働賃金を中心とした物価水準の高さから、最近はシリコンバレーから南部のテキサス州などへの企業の移転が注目を集めている。次節では、実際の事例や資料に基づき、昨今報道されているような企業立地の変化が実際にどの程度のもので、シリコンバレーの衰退に結びつくほど重大な事象かどうかについて検討する。


## 2. 近年における企業立地の変化

　まず、最近のアメリカにおける企業の南部への移転を表4.1〜表4.3に示す[1]。シリコンバレーから移転したオラクル、テスラ、ヒューレット・パッカードによって、最も注目を集めているのはテキサス州と考えられる。表4.1に示すように、これらのアメリカ企業の移転の影響もあると思われるが、三菱重工やトヨタ、日本製鉄、サムスン電子などの外国企業もアメリカの拠点をテキサス州のヒューストン、ダラス、オースティンなどへ移転している。さらにアップルやグーグルなどのGAFAもテキサス州の拠点を拡張している。

　同様にインテル、TSMCなど、半導体産業の立地で注目されているアリゾナ州への立地案件を表4.2に示す。特に近年注目を集めているTSMCは、ファウンドリーとして世界屈指の技術的優位を保っており、日本でも熊本県への誘致に巨額の補助金が提供されたことが注目を集めている。表4.1のテキサス州はアメリカの中央にあり、平地が多く交通の結節点でもあるため、大規模な敷地が必要な自動車を含めた製造業全般にとって地理的条件が良いが、アリゾナ州は山岳部が多いこともあり、EVの工場はあるものの、半導体など、軽量の製品の製造に特化する傾向が見られる。

---

　1）これらの資料の多くは日本貿易振興機構のビジネス短信や地域分析レポートに基づく。

2. 近年における企業立地の変化　　69

表4.1　大規模な企業立地の変化（南部への移転1）

| テキサス州 | | | 備考 |
|---|---|---|---|
| 2016年5月 | 三菱重工 | ニューヨークからヒューストンに米国本社を移転 | |
| 2017年4月 | クボタ | 米国販売子会社をカリフォルニアからグレイプバイン市へ移転 | |
| 2017年7月 | トヨタ | カリフォルニアからダラス近郊へ北米本社を移転 | |
| 2018年12月 | アップル | オースティンに新社屋を建設すると発表（6,200人＋5,000人、最終的には1万5,000人勤務可能） | |
| 2020年12月 | オラクル | カリフォルニアからオースティンに本社移転 | 企業向けIT |
| 2020年12月 | グーグル | オースティンの拠点拡大 | |
| 2021年10月 | テスラ | カリフォルニア（パロアルト）からオースティンに本社移転 | EV |
| 2021年11月 | 日本製鉄 | ニューヨークからヒューストンに米国本社機能を移転統合（他にもシカゴから） | |
| 2021年11月 | サムスン電子 | オースティン近郊に半導体工場新設。総投資額は170億ドル。2024年後半の製造開始。6,500人以上の雇用。 | 半導体・ファウンドリー |
| 2022年 | ヒューレット・パッカード | カリフォルニア（サンノゼ）からヒューストンへの移転 | 企業向けIT |

表4.2　大規模な企業立地の変化（南部への移転2）

| アリゾナ州 | | | 備考 |
|---|---|---|---|
| 2021年3月 | インテル | フェニックス郊外の工場に200億ドル追加投資 | 半導体 |
| 2021年6月 | TSMC | フェニックス郊外に120億ドルを投資して新工場建設 | 半導体・ファウンドリー |
| 2021年 | ルーシッド・モーターズ | フェニックス郊外（カサグランデ）に工場建設、2021年春から稼働。本社はカリフォルニア州ニューアーク。 | EV |
| 2021年5月 | エレクトラメカニカ・ビークルズ | フェニックス国際空港近くに工場建設開始 | 三輪EV |
| 2022年3月 | 富士フイルムエレクトロニクスマテリアルズ | メサ市の既存工場の半導体製造関連プロセス事業を強化するため、8,800万ドルの拡張投資を行うと発表（雇用：400人＋120人増） | 半導体 |
| 2022年3月 | JX金属 | メサ市で半導体用スパッタリングターゲット事業の強化および新規事業のための投資を発表。州内の現拠点の約6倍（約26万$m^2$）の土地をメサ市で取得し、2024年度以降稼働の生産設備を新設。 | 半導体 |

表4.3　大規模な企業立地の変化（南部への移転3）

| コロラド州 | | | 備考 |
| --- | --- | --- | --- |
| 2018年12月 | アップル | コロラド州ボールダーでのオフィス拡張を発表 | |
| 2020年8月 | パランティア・テクノロジーズ | カリフォルニア（パロアルト）からデンバーへ本社を移転 | ビッグデータ解析 |

図4.6　アメリカの州別個人所得税

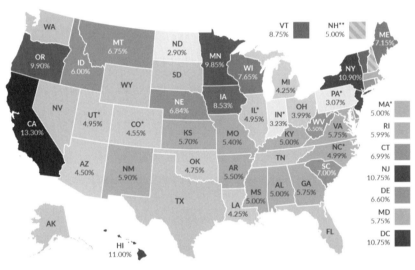

（出典）https://taxfoundation.org/

　テキサス州に比べれば件数は少ないが、表4.3に示すように、コロラド州もアップルがオフィスを拡張するほか、シリコンバレーからデンバーへ本社を移転する企業も存在する。

　テキサス州への企業移転が報道される際に、その原因として最も多く指摘されるのはカリフォルニア州の税の高さである（例えば、ライトハウス・ロサンゼルス、2017）。確かに図4.6の個人所得税と図4.7の法人所得税によれば、カリフォルニア州に比べてテキサス州の税率は低いことがわかる。しか

## 図4.7 アメリカの州別法人所得税

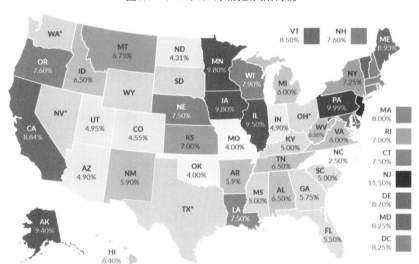

（出典）https://taxfoundation.org/

し、アメリカの場合、州によって、様々な税を設定することが可能であるため、実際には各種の税を総合的に評価する必要がある。図4.8は Tax Foundation というシンクタンクが、個人所得税31.2％、売上税23.7％、法人税20.9％、資産税14.4％、失業保険税9.8％という重み付けで試算したものである。確かにカリフォルニア州は重税の10州に入るが、テキサス州の税が特に軽いわけではないことがわかる。

したがって、税制以外の誘因としては、上述のようにテキサス州が全米の地理的中央に位置し、航空便を使えばニューヨークなどの東海岸、シリコンバレーなどの西海岸への移動が便利であることに加え、気候が温暖で、技術系も含めいくつかの主要大学があり人材の確保が比較的容易であることが挙げられる（ライトハウス・ロサンゼルス、2017）。

しかし、上述のテキサス州への企業移転が、シリコンバレーの今後に大き

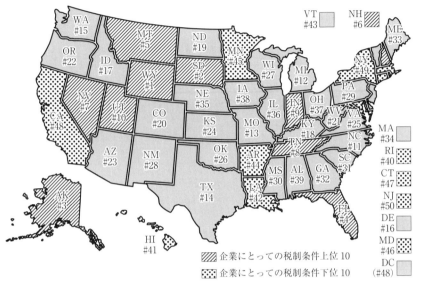

図4.8 アメリカの州別の総合的な税の評価値

（出典）https://taxfoundation.org/

な影響を与える可能性が高いとは思えない。まず、図4.9に最近のベンチャーキャピタルの投資先を示すが、圧倒的にシリコンバレー（サンフランシスコ ベイエリア）が多く、ニューヨーク、ロサンゼルス、ボストンがそれに続く。オースティン、アトランタ、デンバー、ヒューストンにおける投資は、相対的にかなり少ない。また、スタートアップの育成環境についての国際ランキングを図4.10に示すが、シリコンバレー、ニューヨーク、ボストンの評価が高く、付加価値の高いFTE部門はやはりこれらの地区に継続的に発生・存在すると思われる。

次に、南部以外の企業立地の動向についてまとめる。

表4.4に、トヨタのノースカロライナ州でのEV工場、インテルのオハイオ州での半導体工場の建設を記すが、特にオハイオ州はラストベルトに含まれる衰退地域であり、今後のIT系産業の立地の経済効果によって地域の再生が期待される。

上述のように、最近の報道ではテキサス州などの南部への企業移転に焦点

図4.9 ベンチャーキャピタルの投資先（2021年）

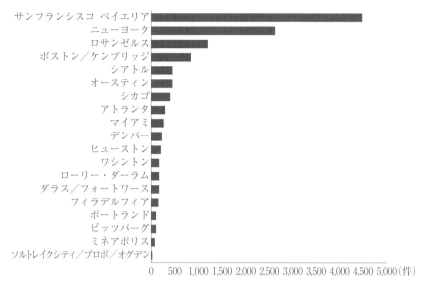

（出典）Titanium Ventures, 2022

を当てたものが多いが、実際には表4.5に示すように、GAFAなどは、ニューヨークのマンハッタンなど巨大都市の中心部への立地を進めており、都市経済学で「集積の経済」と呼ぶ経済効果が、それらの企業にとって大きな引力となっていることは明らかである。

表4.5の中で、アマゾンのニューヨーク市クイーンズ区におけるオフィス建設が見送られた原因は、アマゾンの進出で生じるジェントリフィケーションへの恐れが地元住民の反対運動を盛り上げたためと言われている。

また、表4.6に示すように、アップルやグーグルは、シリコンバレーの拠点をさらに強化しており、単純に税率や物価によってIT産業が立地を決めているわけではないことは明らかである。

74　第4章　地理的な所得格差と企業の移転

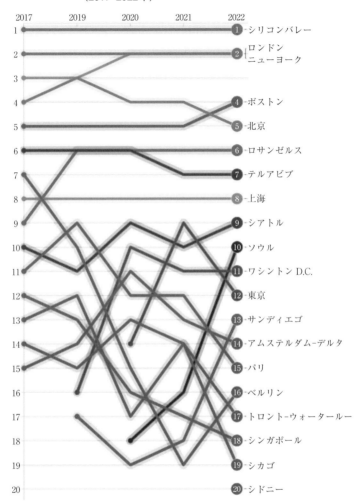

図4.10　スタートアップのエコシステムの国際ランキング
　　　　（2017-2022年）

（出典）https://startupgenome.com/report/gser2022

2. 近年における企業立地の変化　75

表4.4　大規模な企業立地の変化（南部以外への立地）

| ノースカロライナ州およびオハイオ州 | | | 備考 |
|---|---|---|---|
| 2021年12月 | トヨタ | EV用バッテリー工場をノースカロライナ州に建設。投資額は12億9,000万ドル。1,750人の雇用。2025年の稼働予定。 | EV |
| 2022年1月 | インテル | オハイオ州リッキング郡に、先端半導体を製造する2つの工場を建設すると発表。初期投資は200億ドル。約4km$^2$の敷地に最大8つの工場建設を計画。先行する2つの工場は2022年中に建設開始し、2025年の稼働予定。 | 半導体 |

表4.5　大規模な企業立地の変化（東部の拠点拡大）

| ニューヨークおよび東部 | | | 備考 |
|---|---|---|---|
| 2018年11月 | アマゾン | 「第2本社」をニューヨーク市と首都ワシントン近郊に置くと発表。ニューヨークの拠点は、クイーンズ区のロングアイランドシティ。ワシントン近郊の拠点は、バージニア州アーリントンのクリスタルシティ、ペンタゴンシティ、ポトマックヤードを含む地域：各2万5,000人雇用。2023.3.3　一部区画の着工延期 | ニューヨークは地元の反対で2019年に撤回 |
| 2018年12月 | グーグル | ニューヨークのオフィスの大規模な拡張を発表「Google Hudson Square」：10年で雇用を7,000人から1万4,000人に | |
| 2018年12月 | アップル | ピッツバーグとニューヨークでのオフィス拡張を発表 | |
| 2020年8月 | アマゾン | 6都市で技術開発拠点とコーポレートオフィスを8.4万m$^2$拡張、3,500人の高度技術人材・コーポレート人材を新規採用と発表。そのうち、マンハッタンが6〜7割を占める。 | ニューヨークは5番街のデパート跡 |
| 2020年8月 | フェイスブック | マンハッタンのジェームズ・ファーレー郵便局内に6.8万m$^2$のオフィスを賃貸 | |
| 2021年9月 | グーグル | ニューヨークに新たなオフィスビルを購入（セントジョンズ・ターミナル） | |

表4.6　大規模な企業立地の変化（シリコンバレーの拠点拡大）

| カリフォルニア州 | | | 備考 |
|---|---|---|---|
| 2017年 | アップル | クパチーノにアップル・パークを建設 | S・ジョブズの指示 |
| 2021年3月 | グーグル | マウンテンビューの本社の増強を発表 | |

## 3. 結論と今後の課題

　第1章でも述べたように、グローバリゼーションの根幹をなす貿易の自由化は、原則的には比較優位の原理に基づき各国の実質所得を上昇させるが、その動的な過程では産業構造の変化を伴うため、職種の違いによる正負の影響も大きい。多くの場合、職種は学歴とも関連しており、学歴は出身家庭の所得との相関も高いことを考慮すると、利潤の分配が偏り、アメリカのように所得格差の拡大・固定化に結びつく可能性が高い。

　一方で、第1章で述べたように、不動産市場は、空間的な集積の利益や正負の生活環境の差を地代（不動産価格）が反映することにより補正・均等化する働きがある。この点で、IT技術の国際的拠点であるシリコンバレーは、その繁栄によって地代が高騰し、上述のように一般の労働者は普通の住宅を入手することも困難になっている。もちろん、Evernote の創業者フィル・リービンが指摘するように、完全な分散型のビジネスも技術的には可能になっており、これまでシリコンバレーを中心に融資活動をしてきたベンチャーキャピタルも他の地域へ対象範囲を徐々に拡大してはいるが、彼自身もシリコンバレーが衰退するとは予想していない（市嶋、2021）。

　また、国際的な金融の中心であるニューヨーク市は、従来から不動産価格が高額なことは有名であったが、日本貿易振興機構（2022）などが指摘しているように、コロナ禍で通常の出社が進まない時期でも、さらに上昇している。

　このような状況を考慮すれば、報道が伝えるようなアメリカにおける企業立地の変化は、確かに地域的な格差の是正や均等化への期待をもたらすものではあるが、上述のように、実際にはIT産業の集積はシリコンバレーを中心にさらに進んでおり、GAFA などは不動産価格が一層高騰しているニューヨーク市のマンハッタンで巨大オフィスを設立している。その要因としては、シリコンバレーとは専門の異なるITエンジニアの人材が豊富であることが指摘されており、高価な不動産価格を補って余りある利潤の獲得機会があるためと推察される。特に、GAFA の新規投資などを詳細にまとめた百嶋（2021）も指摘している通り、中心的なオフィスの存在意義は「セレンデ

ィピティ（serendipity）」と呼ばれるようなフェイス・ツー・フェイス・コミュニケーションが生み出す偶発的な知識の獲得やアイディアの創造にある[2]。また、伝統的な都市経済学が従来から指摘しているように、同業者が空間的に近接した地域に存在することで、様々な正の経済効果が生じうることを考慮すれば、単に不動産価格の低い地域に分散立地する利点は、本来あまり期待できない。

　上述のように、本章では最近の報道が強調することの多いシリコンバレーからテキサス州などへの企業移転が、実際にはそれほど劇的な変化をもたらすものではないことを明らかにした。本来は、様々な要因を数量化した統計分析で企業の立地選択を科学的に検討することが望ましいが、ここでは資料などの制約から実施できなかったため、定性的な分析にとどまった。したがって、この点については、分析を深化させるために、今後さらに検討する必要があると考えられる。

---

[2] アマゾンが2025年1月から原則週5日出社を社員に求めたことが話題になったが、基本的には同様の理由である。

# 第5章

# ラストベルトの再生

## 1. 衰退から再生への道

　第1章に記したように、第二次世界大戦後のアメリカでは、日本や中国をはじめとする外国の経済成長や、それに伴う比較優位の変化により、USスチールに代表される世界の鉄鋼生産の中心地であったピッツバーグや、フォード、GM、クライスラーなどビッグ3に代表される自動車産業の中心地であったデトロイトが衰退し、その周辺を含むアメリカ北東部の製造業の集積地帯が「ラストベルト（Rust Belt）」と呼ばれ、最近は大統領選挙のたびに候補者が地域の救済を公約するなど、大きな社会問題となっている。

　また、第4章でも紹介したように、自動車産業も「CASE」への流れの中で、その中心課題である自動運転に関しては、アメリカの自動車メーカーだけでなく、日本、ドイツ、韓国などの関連企業が、本来は自動車産業の中心地であったデトロイトではなく、IT部門のメッカであるシリコンバレーに研究拠点を設置している。

　しかし、伝統的な製造業が衰退したラストベルトにも最近は再生の動きが見られることから、本章では同地域の代表例でもあるピッツバーグとデトロイトを取り上げる。両市の位置を図5.1に示す。ピッツバーグはペンシルベニア州の西南部、デトロイトはミシガン州の東南部に位置し一見相互に独立しているようにも見えるが、前者は鉄鋼の生産地であり、後者はそれを主たる生産要素とする自動車産業の拠点として、かつてはクリーブランドなどを経由したエリー湖の水上輸送によって結ばれるという強い相互依存関係を有していた。しかし、上記のような国際的な分業システム（比較優位）の変化に伴って両市の製造業はどちらも衰退したが、近年、それぞれに異なる形態で、新たな産業の成長と都市の再生が進行しているので、現時点における両

図5.1　ピッツバーグとデトロイトの位置図

（出典）Google Maps

市の状況とその問題点や今後の課題を以下の節で述べることとする。

## 2. ピッツバーグにおける産業と地域の再生

### （1）基本的状況

　ピッツバーグ（Pittsburgh）は、アレゲニー川とモノンガヒラ川が合流してオハイオ川となる位置にあり、その下流はミシシッピ川に合流するため、水運の要という地理的な優位性を有していた（American Center Japan; 図5.2）。

　また、ペンシルベニア州を含むアパラチア山脈には多くの炭鉱が存在し石炭が豊富だった上、スペリオル湖周辺で採掘された鉄鉱石を五大湖の水上輸送で搬入することにより、次第に金属製造業、機械部品、その他の大量に鉄鋼を消費する産業の工場がピッツバーグ周辺に集積することとなり、19世紀半ばには1,000棟の工場が建ち並んだと言われている。1875年にはアンドリ

2. ピッツバーグにおける産業と地域の再生　81

図5.2　ピッツバーグ市

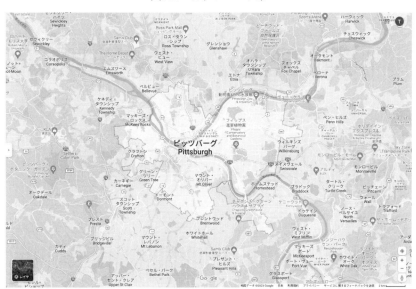

（出典）Google Maps

ュー・カーネギーが近郊に鉄工所を創設したが、1901年にカーネギー・スチールはフェデラル・スチール・カンパニーおよびナショナル・スチール・カンパニーと統合され、全米最大の鉄鋼会社 US スチールが設立された。他の鉄鋼会社も含めて、1910年代には、全米で生産される鉄鋼の3分の1～2分の1がピッツバーグで生産されており、人口も53万人以上となった。第二次世界大戦から戦後にかけても大量の鉄鋼を生産し、世界的な製鉄業の中心となり、人口も1950年には67万人以上となる。しかし、1970年代に入ると、オイルショックに加えて、日本、韓国、中国などが順次製鉄の比較優位を有するようになったことから、ピッツバーグの鉄鋼業は衰退に転じ、工場は相次いで閉鎖に追い込まれた。

　その後、1980年代に入ると、ピッツバーグは鉄鋼業に依存していた産業構造から脱却し、ハイテク、保険、教育、金融、サービス業を中心とした地域経済へと移行することにより、ある程度活気を取り戻した。例えば、鉄鋼業衰退に対応するため、1985年には、鉄鋼業に代わる新産業の育成に向けて、

82　第5章　ラストベルトの再生

図5.3　ピッツバーグ市の人口の推移

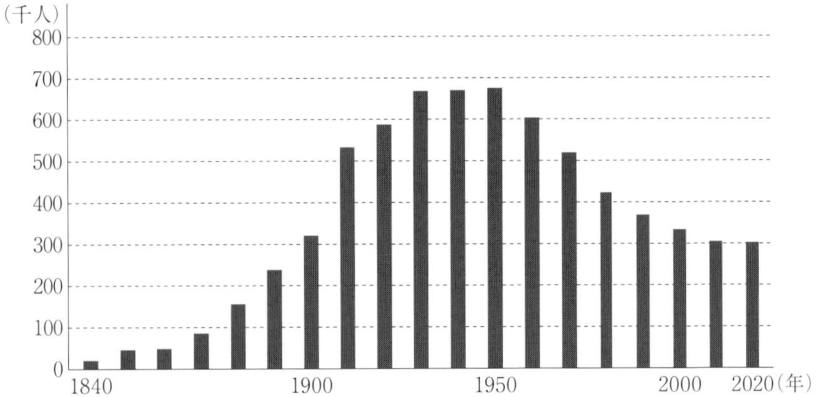

（千人）
800
700
600
500
400
300
200
100
0
　1840　　　　　　1900　　　　　1950　　　　　　2000　　2020（年）

（出典）U.S. Census Bureau

　自治体が地元のカーネギーメロン大学とピッツバーグ大学、アレゲニー地域開発評議会（ACCD）と連携し、官民パートナーシップに基づく再生戦略「Strategy 21」を策定している。
　製鉄所の煤煙による公害問題は以前から深刻であり、1941年には「煤煙規制条例」が制定された。また、都市の魅力を高めるため、高層ビルの建設や歴史的な建築物・地区の保存による大規模な都市再開発（ルネッサンス）も1946〜1970年、1977〜1988年の2期にわたって行われた。特に第2期においては、同市の人口が1960年以降、さらに減少の一途をたどったため（図5.3）、市の魅力を高めるためにプロスポーツ施設やコンベンションセンターを建設したほか、市内の住宅地開発も行った。ただし、このような施設整備に多額の資金を投じたことが財政を圧迫する結果を招き、2003年には市の財政が破綻した（詳細は佐藤（2009）参照）。その後、ペンシルベニア州の援助もあり財政的な再建は完了して現在に至っている。
　図5.4に同市を中心とした大都市圏の1969年以降の人口推移を示す。後述する産業復興などの影響で一時的な増加傾向も見られるが、基本的には製鉄業で繁栄した時代に比べて著しい人口減少が確認される。
　参考までに、1950年以降の国別の粗鋼生産の推移を図5.5に示す。2000年

図5.4　ピッツバーグ大都市統計圏の人口の推移

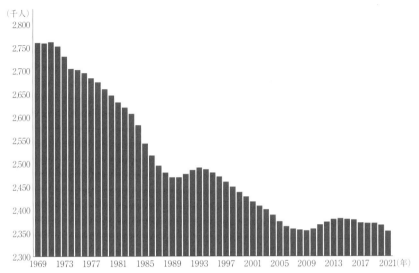

（出典）U.S. Bureau of Economic Analysis

図5.5　主要製鉄国の粗鋼生産の長期推移

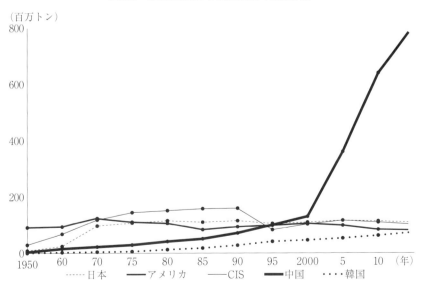

（出典）日本製鉄ファクトブック 2023、https://www.nipponsteel.com/factbook/2023/13-01.html

84    第5章　ラストベルトの再生

## 表5.1　主要鉄鋼企業：粗鋼生産上位30社

（単位：百万トン、％）

| | 社名 | 国名 | 2021 | 2022 | 伸び率<br>2022/2021 |
|---|---|---|---|---|---|
| 1 | 中国宝武鋼鉄集団 | 中国 | 130.6 | 131.8 | 1.0 |
| 2 | ArcelorMittal | ルクセンブルク | 79.3 | 68.9 | －13.1 |
| 3 | 鞍鋼集団 | 中国 | 55.7 | 55.7 | 0.0 |
| 4 | 日本製鉄 | 日本 | 49.5 | 44.4 | －10.3 |
| 5 | 江蘇沙鋼集団 | 中国 | 44.2 | 41.5 | －6.3 |
| 6 | 河鋼集団 | 中国 | 41.6 | 41.0 | －1.5 |
| 7 | POSCO | 韓国 | 43.0 | 38.6 | －10.1 |
| 8 | 建龍集団 | 中国 | 36.7 | 36.6 | －0.4 |
| 9 | 首鋼集団 | 中国 | 35.4 | 33.8 | －4.5 |
| 10 | Tata Steel | インド | 30.6 | 30.2 | －1.3 |
| 11 | 山東鋼鉄集団 | 中国 | 28.3 | 29.4 | 4.1 |
| 12 | 徳龍鋼鉄 | 中国 | 27.8 | 27.9 | 0.3 |
| 13 | 湖南鋼鉄集団 | 中国 | 26.2 | 26.4 | 0.8 |
| 14 | JFE Steel | 日本 | 26.9 | 26.2 | －2.4 |
| 15 | JSW Steel | インド | 18.6 | 23.4 | 25.8 |
| 16 | Nucor | アメリカ | 23.1 | 20.6 | －10.9 |
| 17 | 江西方大鋼鉄集団 | 中国 | 20.0 | 19.7 | －1.4 |
| 18 | 現代製鉄 | 韓国 | 19.6 | 18.8 | －4.4 |
| 19 | 広西柳州鋼鉄集団 | 中国 | 18.8 | 18.2 | －3.3 |
| 20 | IMIDRO | イラン | 16.7 | 18.0 | 7.8 |
| 21 | SAIL | インド | 17.3 | 17.9 | 3.5 |
| 22 | Cleveland-Cliffs | アメリカ | 18.3 | 16.8 | －8.2 |
| 23 | NLMK | ロシア | 17.3 | 16.0 | －7.5 |
| 24 | 日照鋼鉄控股集団 | 中国 | 13.6 | 15.6 | 15.2 |
| 25 | 中信泰富特鋼集団 | 中国 | 14.0 | 15.0 | 7.6 |
| 26 | Techint | アルゼンチン | 14.9 | 14.9 | －0.3 |
| 27 | U.S. Steel | アメリカ | 16.3 | 14.5 | －11.1 |
| 28 | 広西盛隆冶金 | 中国 | 12.2 | 14.2 | 16.9 |
| 29 | 包頭鋼鉄集団 | 中国 | 16.5 | 14.2 | －13.8 |
| 30 | 敬業集団 | 中国 | 15.4 | 14.0 | －9.2 |

（出典）日本製鉄ファクトブック 2023、https://www.nipponsteel.com/
factbook/2023/13-04.html

以降は中国の生産量が圧倒的に多い。

　また、表5.1に最近の粗鋼生産上位の企業を示す。USスチールは27位にとどまっているものの、アメリカでは電炉を用いたニューコア（Nucor、本社：ノースカロライナ州シャーロット）が16位（国内1位）となっている。また、2020年にアルセロール・ミッタルUSAを買収したクリーブランド・クリフスが22位となり、2023年にはUSスチールの買収提案を行った。

## （2）復興の経緯

　ピッツバーグはもともと学術都市であり、カーネギーメロン大学やピッツバーグ大学など、多数の大学が市内および都市圏にキャンパスを置いている。特に、カーネギーメロン大学とピッツバーグ大学がキャンパスを置いているオークランド地区は、高等教育・研究機関や文化施設が集中している（図5.6、図5.7）。

　カーネギーメロン大学は、国際的にも知名度が高く、コンピュータ科学、情報公共政策管理、経済学、および芸術の分野で特に高い評価を受けており、学部生約6,000人、大学院生約5,000人を抱えている。最近は自動運転やロボティクスの技術開発で注目されており、2015年にはウーバーが同大学から40人の人材を引き抜き、ピッツバーグに自社の研究所を設立した。また、同大学のラージクマール教授は2013年に自動運転のソフトウェア製造のためにオットマティカ社を設立した。同社は2015年にデルファイ・オートモーティブ社に買収されたが、同大学の教員と学生は多くのスタートアップを生み出している（マラック、2020）。

　デンソーも2020年に自動運転の開発拠点としてピッツバーグ・イノベーション・ラボを設立し、その目的として「自動運転レベル4の実現に向けた研究開発や、AIなどの先端要素技術の開発を行います。IT産業の中心地として成長しているピッツバーグにおいて、現地の大学や企業と連携し、開発を進めていきます」と説明している（デンソー、2020）。また、フォードやフォルクスワーゲンが出資を取りやめ閉鎖したことが話題となったアルゴAIも、グーグルとウーバーで自動運転開発に携わっていた2人の技術者が2016年に設立したスタートアップ企業で、本拠地をピッツバーグに置いていた。

図5.6　オークランド地区

（出典）ウィキペディア

図5.7　オークランド地区の大学

（出典）Google Maps

一方で、フォード自身は自動運転支援システムの開発を目的としたラティテュード AI という子会社を2023年に独自に設立し、アルゴ AI から550人の技術者を移籍させ、やはりピッツバーグを拠点として活動している（Abuelsamid, 2023）。

　このほかにも、自律飛行ドローンを開発しているロボティクスのスタートアップであるニア・アース・オートノミー社や、カーネギーメロン大学のロボット研究所によるアイリス（Iris）と名付けられた月面探査車の開発など、最先端技術の拠点として多くの実績が確認できる（ペンシルバニア州地域振興・経済開発局　日本投資事務所）。

　ピッツバーグ大学は学部生約2万7,000人、大学院生約1万7,000人を抱える州立の大型総合大学であるが、特に医学、歯学、薬学、保健学、看護学、情報科学、社会福祉学の分野で高い評価を得ており、同大学の病院、ピッツバーグ大学医療センター（UPMC）は、全米で最も優れた病院の一つに数えられている。後述するように、UPMC はライフサイエンスの拠点として、先端医療の研究や医療サービスの提供により市の経済にも大きな役割を果たしている。

　ピッツバーグの経済復興に最も大きな影響を与えたのは、エッズ＆メッズ（Eds and Meds）であると言われている（Winant, 2021）。エッズ＆メッズとは、重工業に代わって、大規模な大学と医療サービスが大都市の雇用・経済の中心となるという現象を指す用語である。第1章で述べた通り、アメリカの比較優位は FTE 部門と呼ばれる金融（Finance）、技術（Technology）、電子工学（Electronics）へと移行した。しかし、FTE 部門自体の雇用の規模はそれほど大きくなく、近年急速に増加している医療関係の支出も影響しているが、医療関連の雇用が地域経済に大きな影響を及ぼしている（マラック、2020）。University of Pittsburgh（2012）によれば、同大学、UPMC、カーネギーメロン大学によって8万人の雇用が生まれ、市内の他のエッズ＆メッズも入れると110億ドル/年の給与が支払われており、これは地域の給与所得の22％に相当する。また、過去15年間に数百のスピンオフが生まれ、2000年以降、373の特許が取得された。

　アメリカにおける製造業、IT 産業、エッズ＆メッズの雇用の変化を表5.2

88 第5章 ラストベルトの再生

表5.2 2011〜2021年の雇用の比較

| 産業 | 雇用(千人)<br>2011 | 雇用(千人)<br>2021 | 雇用増減<br>(千人)<br>2011-2021 | 雇用の年あ<br>たり変化率<br>2011-2021 |
|---|---|---|---|---|
| 製造業 | 11,727.0 | 12,346.6 | 619.6 | 0.5 |
| 専門的・科学的・技術的サービス業 | 7,712.5 | 9,882.7 | 2,170.2 | 2.5 |
| ①コンピュータシステムの設計および関連サービス | 1,542.6 | 2,301.3 | 758.7 | 4.1 |
| ②経営・科学・技術コンサルティングサービス | 1,098.2 | 1,634.3 | 536.1 | 4.1 |
| ③科学研究開発サービス | 630.3 | 823.2 | 192.9 | 2.7 |
| ①〜③の合計 | 3,271.1 | 4,758.8 | 1,487.7 | |
| 教育 | 3,249.6 | 3,589.3 | 339.7 | 1.0 |
| 医療と社会扶助 | 17,068.8 | 20,084.0 | 3,015.2 | 1.6 |
| エッズ&メッズ | 20,318.4 | 23,673.3 | 3,354.9 | |

(出典) U.S. Bureau of Labor Statistics

に示す。仮にIT産業を表中の①〜③のカテゴリーとすれば、雇用の伸びは大きいものの、絶対数ではメッズ（医療と社会扶助）の雇用数が圧倒的に多いことがわかる。

　また、メッズの雇用を増加させている原因ともなっているアメリカの高齢化の状況を図5.8に示す。ただし、ピッツバーグの場合は、学生が多いため、単なる逆ピラミッド型ではなく、図5.9のように20代を中心に多くの若年層が存在する。

　ただし、エッズ&メッズについては様々な見解・指摘があるので、そのいくつかを紹介する。


　Adams（2003）：フィラデルフィアを対象として行政がどの程度エッズ&メッズの振興に貢献しているか検討したところ、1990年代に行政の施策が大幅に削減されたことが判明した。

　Bartik and Erickcek（2008）：エッズ&メッズの効果を得るためには圏外からの学生や患者の流入を増やすことが必要である。同質の労働に対してメ

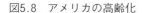

図5.8　アメリカの高齢化

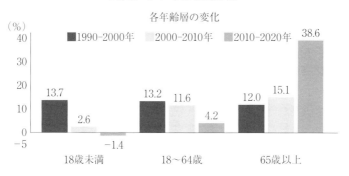

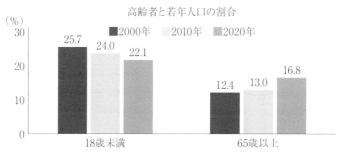

（出典）Frey, 2023

ッズの給与は一般的に高いので、地域の給与水準を上昇させる傾向がある。しかし、優遇税制などによる企業誘致でも同様の効果があるのではないかと考えられる。

　Chatterji（2013）：製造業が衰退し、高齢化が進んでいるアメリカでは、高度な教育と医療に対する支出が増加したため、エッズ＆メッズの雇用は増加している。しかし、地域間で均等に分布するわけではなく、特定の都市・地域に集中しつつある。オンライン教育や他都市の医療機関の利用が進めば、実質的に地域に固定した産業ではなく移出入産業になる。

　Florida（2013）：規模・集積の経済を前提とした都市・地域間の競争を考慮すれば、エッズ＆メッズは一部の都市以外には残らないので、注意が必要である。また、実際にその雇用のシェアが大きいのは、小規模な大学町が中心である。

**図5.9 ピッツバーグ市の年齢構成（2023年）**

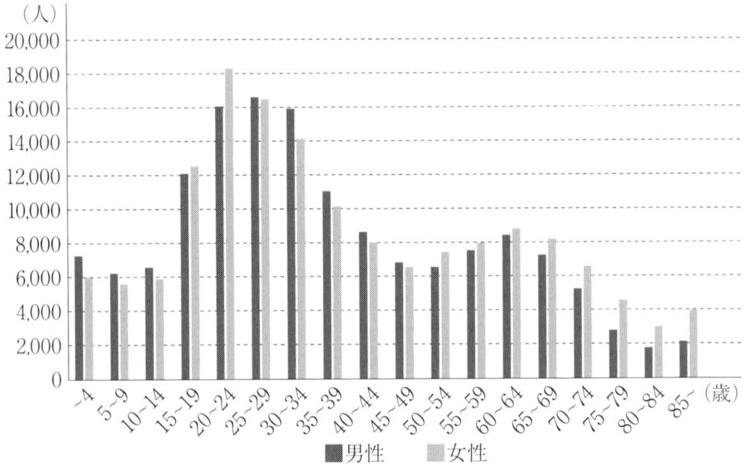

（人）

（出典）U.S. Census Bureau

　Parrillo and Socio（2014）：一般に研究対象とされる大都市ではなく、2つの小都市を対象にした実証研究の結果、やはりエッズ＆メッズの重要性が確認された。

　Nie（2019）：ヒューストンのテキサス医療センター（TMC）を事例として、医療サービスの階層構造を伴う集積の効果を確認した。

　確かにChatterji（2013）などが指摘するように、エッズ＆メッズ自体は直接的な経済成長のエンジンではないが、ピッツバーグのように新たなスタートアップを生み出すインキュベータにはなり得るため、間接的に新たな産業を生み出す可能性がある。前述のように、ピッツバーグの場合もロボティクスなどの新規産業の立地は大学との関連性が高い。その点で、エッズ＆メッズは単なるサービス産業ではないので、地域間の競争を前提にしつつも、教育・研究機関や大規模な医療センターの誘致・育成は地域経済の維持・発展のためには重要な政策手段と考えられる。

　また、Andes（2017）が指摘しているように、大都市の中心部に立地している大学は郊外に立地している大学よりも技術開発やスタートアップの育成

に対する効果が大きい。この点で、前述のように、ピッツバーグでは、多数の大学が市内および都市圏にキャンパスを置いており、特に、図5.6に示したオークランド地区にはカーネギーメロン大学とピッツバーグ大学がキャンパスを置くなど、高等教育・研究機関や文化施設が集中しているため、スタートアップなどの育成に貢献している可能性が高い[1]。

## （3）今後の課題

### a. 医療関係

Bartik and Erickcek（2008）のように、医療関連の職種は、他に比べて賃金が高いと言われることが多いが、Hebel and Smallwood（2022）によれば、職種によっては年収がむしろ低いため、彼らが実施したアンケート調査によれば、ピッツバーグの病院に勤務している労働者の90%が離職を検討している。このような離職希望の多さに対しては、医療関連の労働者の待遇改善に向けた州や市の行政および大学や医療機関の対応が必要と思われる。

### b. 技術開発など

Andes, et al.（2017）によれば、ピッツバーグの大都市圏において、2016年に大学がR&Dに支出した金額は全米平均の2.5倍であった。また、オークランド地区は2大学と医療センターだけでなく、多くのスタートアップ企業やコワーキングスペースがあり、本来経済的なイノベーションには適した環境である（図5.10）。しかし、図5.11に示すように、研究投資が必ずしも企業の生産活動や雇用に結びついていない。本来であれば、ソフトウェア関連で9,000人、薬品関連で5,500人の雇用増があっても良く、さらに、その派生需要で数万人の雇用増が期待される。また、2000～2016年にかけて、高賃金・高技術の雇用が7%減少している。そのため、前述の人口減少にも歯止めがかかっていない。図5.12に示すように、2009～2014年にかけて、他の都

---

1）この点で、わが国において三大都市圏への人口の集中を抑制するために設けられた工場等制限法（2002年に廃止）は、新規の大学立地も郊外に限定したものであり、大学が及ぼす中心都市への経済効果を考えると好ましくない政策だったと思われる。

92　第5章　ラストベルトの再生

図5.10　オークランド地区周辺のコワーキングスペース

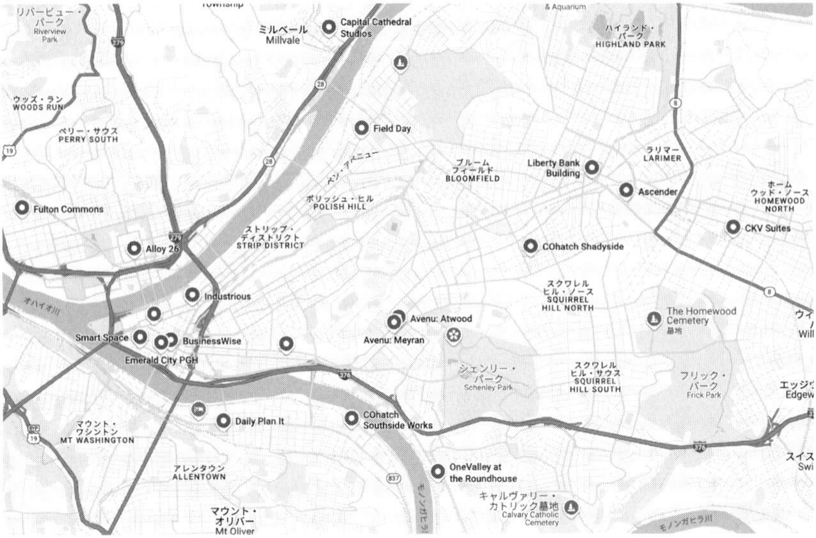

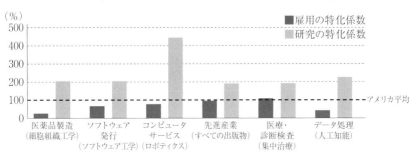

（出典）Google Maps

図5.11　ピッツバーグ大都市圏における雇用と研究活動の分野別の相関

（凡例）■雇用の特化係数　■研究の特化係数

横軸：医薬品製造（細胞組織工学）／ソフトウェア発行（ソフトウェア工学）／コンピュータサービス（ロボティクス）／先進産業（すべての出版物）／医療・診断検査（集中治療）／データ処理（人工知能）

縦軸：（％）0, 100, 200, 300, 400, 500　──アメリカ平均

（出典）Andes, et al., 2017

市圏あるいは全米平均と比べても、人口の伸びが見られないのは、この点に関連していると思われる。このような理由で、同論文は、2017年の時点で、ピッツバーグは復活か再度の衰退かの岐路に立たされていると問題提起している。

　Ernst & Young LLP（EY US）and Innovation Works（2023）によれば、

図5.12 他の都市圏との人口変化の比較（2009-2014年）

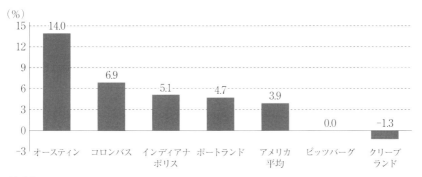

（出典）Andes, et al., 2017

図5.13 ピッツバーグの技術産業への投資額

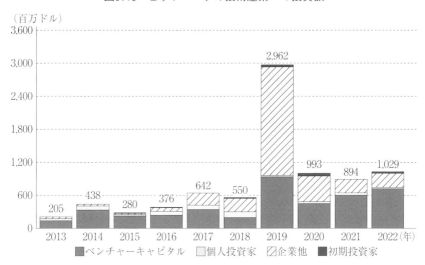

（出典）Ernst & Young LLP（EY US）and Innovation Works, 2023

　その後の状況については以下の通りである。まず、年による変動が大きいとはいえ、ピッツバーグの企業への投資額は基本的に増加傾向である（図5.13）。
　また、図5.14によれば、人口あたりのスタートアップへの投資件数は14位であり、都市圏の人口規模では全米で24位であることをふまえると、善戦していると言えよう（図5.14および図5.15では、後述するデトロイトについて

## 図5.14　ピッツバーグ都市圏における人口あたりのスタートアップへの投資件数

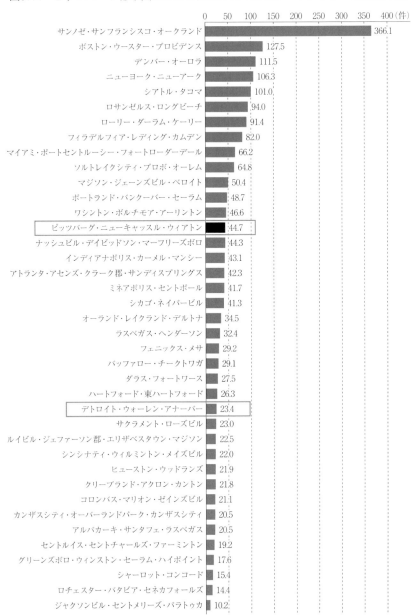

(出典) Ernst & Young LLP (EY US) and Innovation Works, 2023

## 図5.15 ピッツバーグ都市圏における人口あたりのスタートアップへの投資額

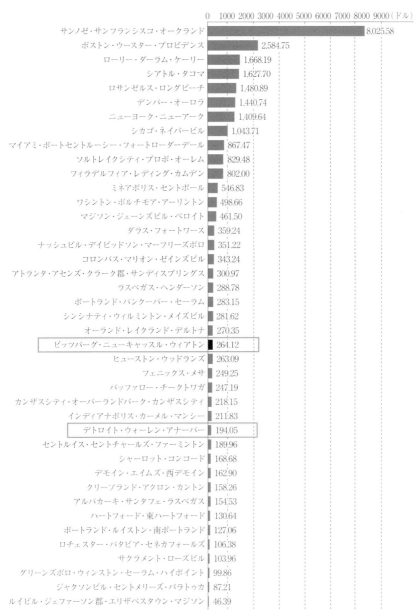

（出典）Ernst & Young LLP（EY US）and Innovation Works, 2023

も枠で示している）。

　ただし、図5.15に示す人口あたりの投資額では23位であり、特に多いわけではない。

　また、図5.16によれば、年による変動はあるものの、最近は特にロボティクスへの投資が目立つが、ライフサイエンスやソフトウェアも主流を占めており、ピッツバーグの特徴が反映されていることがわかる。したがって、Andes, et al.（2017）が危惧したように再生が頓挫しているわけではないが、やはり伸び悩みは確認されると言えよう。

　また、後述するデトロイトほどではないにせよ、ピッツバーグにおいても地区による所得格差が人種と関連して問題となっている。図5.17に示すように高所得層は郊外に居住し、低所得層は都心に多い。逆に図5.18に示すようにダウンタウンをはじめとして貧困家庭が集中している地区が見られる（つまり、補論で説明する都市経済学の基本的な住み分けとなっている）。人種の側面から見れば、図5.19のように、白人の比率は都心部ほど低い。また、逆にアフリカ系黒人の比率は図5.20のように都心の方が高い（オークランド地区は例外）。

　Carmona and Rezk（2023）は、成功したシリコンバレーは白人主体の経済で所得格差も拡大しているため、ピッツバーグでは様々な人種を包摂した経済的成功を目指すべきであると主張している。例えば、ピッツバーグ大都市圏における4万2,396の雇用主のうち、非白人は6.96％のみであり、そのうち、黒人は1.03％、ヒスパニックは0.61％に過ぎない。また、2017年からの5年間に、マイノリティ所有の企業数は1.21％増加したとはいえ、この割合はマイノリティの居住人口比率の半数以下にとどまっている。特に黒人所有の企業は減少しており、都市圏における黒人の居住人口比率の8分の1に過ぎない。ピッツバーグは近年多くの民間投資や、大学や企業への政府からの資金援助を獲得してきたが、居住する黒人の多くは、その恩恵を享受していない。Andes, et al.（2017）も、ピッツバーグの一層の発展のためには人種の違いを超えた包摂が必要であり、マイノリティの起業にも資金を提供する制度を州政府が構築すべきであると指摘している。

2. ピッツバーグにおける産業と地域の再生　97

図5.16　ピッツバーグにおける投資額の分野別変化

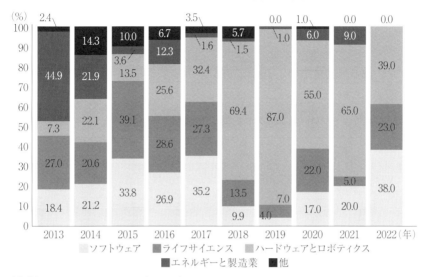

(出典) Ernst & Young LLP (EY US) and Innovation Works, 2023

図5.17　ピッツバーグの所得分布（世帯所得中央値、2018-2022年）

(出典) https://www.policymap.com/

図5.18　ピッツバーグの貧困地帯（貧困率、2018-2022年）

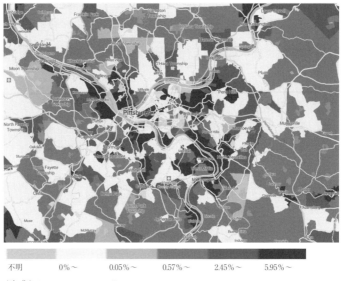

不明　　0%～　　0.05%～　　0.57%～　　2.45%～　　5.95%～

（出典）https://www.policymap.com/

図5.19　ピッツバーグの白人の居住地の分布（白人の割合、2018-2022年）

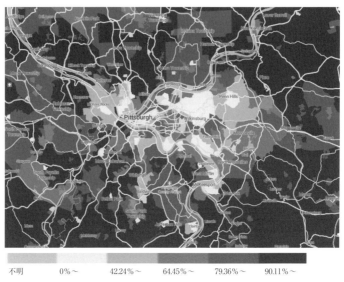

不明　　0%～　　42.24%～　　64.45%～　　79.36%～　　90.11%～

（出典）https://www.policymap.com/

図5.20　ピッツバーグの黒人の居住地の分布（黒人の割合、2018-2022年）

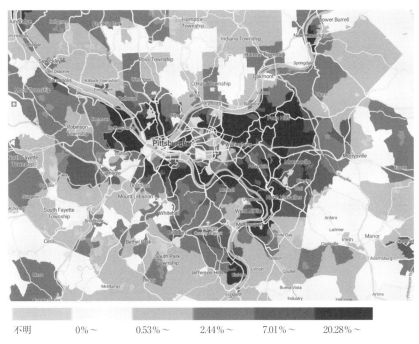

不明　　0％〜　　0.53％〜　　2.44％〜　　7.01％〜　　20.28％〜

（出典）https://www.policymap.com/

## 3. デトロイトにおける産業と地域の再生

### （1）基本的状況

　デトロイト（Detroit）はミシガン州の南東の端に位置している（図5.21）。セントクレア湖とエリー湖を結ぶデトロイト川に面しており、水上交通の便の良さが産業の立地に結びついた（セントクレア湖からさらにヒューロン湖、ミシガン湖、スペリオル湖にも繋がっている）。1701年にフランスの探検家が砦を築いて以降、ヨーロッパ系の人々が住み着いたが、1805年にパン屋から発生した火災が原因で市内のほとんどが焼け落ちた（EY）。その後、市民たちの努力で町は復興し、その教訓はデトロイトの市旗に「灰の中から立ち上がろう」と刻まれており、近年の自動車産業衰退からの再起を連想させる。
　特に、1825年にニューヨークのマンハッタン西側から大西洋に注ぐハドソ

第5章　ラストベルトの再生

図5.21　デトロイト市

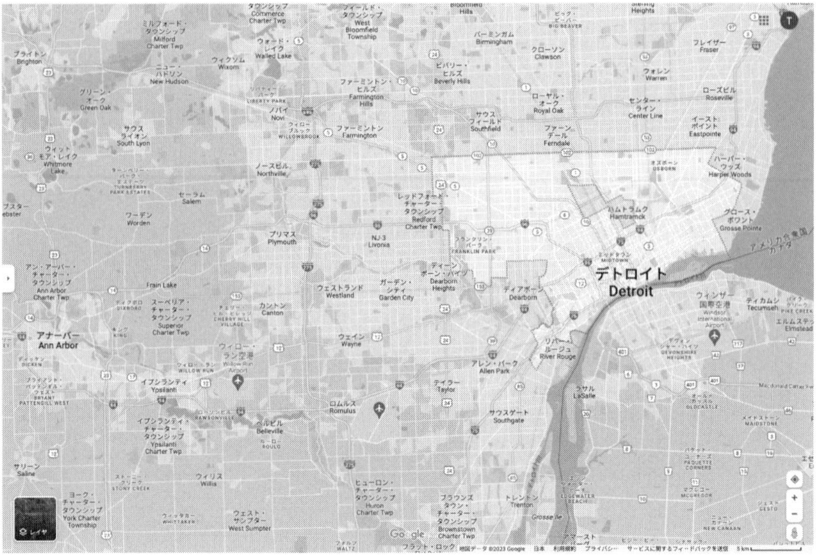

（出典）Google Maps

ン川の上流からエリー湖を結ぶエリー運河が建設されたことで、エリー湖と
オンタリオ湖の標高差の問題が解消され（American Center Japan）、ニュ
ーヨーク市はヨーロッパへのアメリカの玄関口として発展し、デトロイトも
アメリカの中部の物流の中心として発展した。さらに、1896年にヘンリー・
フォードが自宅で最初のガソリン自動車の試作車を完成させた後、1899年に
はデトロイト自動車会社を設立した。しかし、性能が向上せず、彼が理想と
した農民も購入可能な低価格の目処も立たなかったので、1901年に一旦会社
を解散した。その後、1903年にフォード・モーター・カンパニーを設立し、
ベルトコンベアを用いた量産型の自動車工場を建設した。特に1908年に発売
されたT型フォードは、その後19年間にわたって1,500万台以上も生産され
た。彼の理想は産業の発展により人々が自由になり、企業の成長とともに労
働者も豊かになることであった。1926年の時点で、フォード社は20万人以上
の従業員を抱える大企業に発展しており、関連企業を含めると60万人の雇用
（家族も含めると300万人）によって、社会が豊かになるという理想を実現し

たと言えよう。その一環として、従業員の給与を引き上げることで、自動車の需要を押し上げ、それがさらに生産を拡大させるという正の循環を目指した。これにより、デトロイトはアメリカで最大の自動車工業都市として発展した（GAZOO, 2015）。

　ゼネラルモーターズ（GM）は、馬車の製造から始めたウィリアム・デュラントが1904年にビュイックを買収した。1908年には持ち株会社としてGMを設立し、オールズモビル、キャデラック、オークランドなどを買収し、フォードとは逆に、大衆車から高級車まで差別化された多様な車種を販売することで成功した。1916年にはシボレーも傘下に納め拡大路線は続いた。その後、1923年に社長に就任したアルフレッド・スローンがブランド別の事業部制を整備して、T型中心のフォードに対抗した結果、1927年にはT型フォードは生産中止に追い込まれた。

　クライスラーは、ビュイックやGMの役員を歴任したウォルター・クライスラーが1925年に設立した企業で、1929年にダッジ社を買収したことで、フォードやGMとともにビッグ3と呼ばれるようになった。市内には高級車に特化したパッカードなどもあり、デトロイトはモーター・シティと呼ばれるようになった。全盛期には180万の人口を数え、その半数が自動車産業に関わっていたと言われる。

　図5.22に19世紀からのデトロイト市の人口の推移、図5.23に1969年以降のデトロイト大都市統計圏の人口の推移を示す。

　スグルー（2002）によれば、デトロイトは自動車産業が全盛だった1950年代には200万人近い人口を擁し、その75％は白人だった。しかし、1940〜1960年代にかけて南部農業の機械化によって500万人とも言われるアフリカ系黒人がデトロイトなどの工業都市へ流入した。最初は人種による居住地のゾーニング規制が行われ、人種を理由にしたゾーニングは1917年に禁止されたものの、制限的な不動産約款によって差別は続いていた。しかし、この制限的不動産約款も1948年の最高裁判所における「シェリー対クレーマー」判決によって白人の居住地域から黒人を締め出すことが憲法違反とされたことから、デトロイトの黒人居住区は拡大を始めたため、第1章で紹介したホワイト・フライトと呼ばれる白人の郊外への脱出現象が起こった（武井、

### 図5.22 デトロイト市の人口の推移

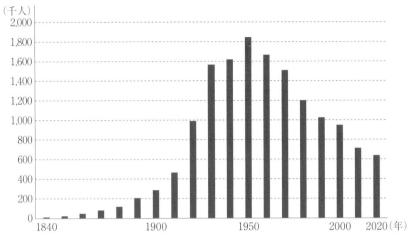

（出典）U.S. Census Bureau

### 図5.23 デトロイト大都市統計圏の人口の推移

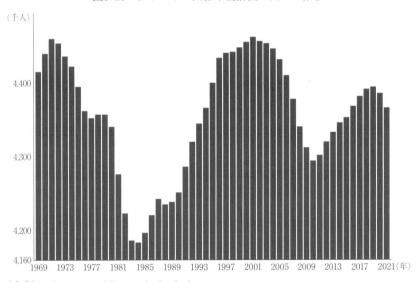

（出典）U.S. Bureau of Economic Analysis

3. デトロイトにおける産業と地域の再生　**103**

2022など)。同時期に自動車産業でも郊外への移転が行われるようになり、1947〜1958年の間にビッグ３がデトロイト大都市圏で建設した25の新工場はすべて市内ではなく郊外であった(太田、2019)。そのため、デトロイト市は1948年からの20年間で13万人の雇用を失った。

1967年７月23日には、黒人を中心とする群衆と警察との間で生じた小競り合いが拡大し、数千人規模に膨れ上がった暴徒が市内の商店を襲撃、略奪や放火を繰り返しながら警官を攻撃した。最終的に、７月25日にはリンドン・ジョンソン大統領が連邦軍の投入を決断、約1,800人の落下傘降下兵が市内に投入されると、ようやく暴動は沈静化に向かった。最終的には死者が43人、負傷者が1,189人であった。この結果、さらにホワイト・フライトは拡大したと言われているが、スグルー(2002)は、デトロイト暴動そのものがホワイト・フライトのきっかけではなく、それまでの黒人の大規模な市内への流入が根本的な原因であったと指摘している。また、その後、1970年代のオイルショックを契機として、燃費に優れた日本車の人気が高まり、アメリカの自動車産業は大きな打撃を受けて市内の人口は減少を続け(図5.22、図5.23)、人口の80％は黒人になるなど、産業構造の変化と人種構成の変化を都市の衰退との関連で指摘している。業績の悪化により企業は社員を大量に解雇し、下請け企業の多くは倒産したため、市の中心部にはホームレスが増加し治安も悪化の一途をたどった。また、2008年のリーマン・ショックの影響もあり、2009年にはGMとクライスラーが経営破綻した。アメリカ政府の支援により両社は立ち直ったが、経営改善の一環として他地域や海外への生産の移転も進み、デトロイトの再建への自動車産業の貢献は以前ほど期待できなくなった。

さらに、デトロイトは治安の悪い街としての評価が定着しており、市中心部のインナーシティ問題を解決するために、都心の再開発や郊外に移転した企業の都心回帰を促進する政策を行っていたが、2011年の時点で住民の３分の１以上が貧困線以下の生活を余儀なくされており、人口も減少し税収も不足していた。そのため2013年３月にリック・スナイダー州知事が、デトロイト市が債務超過の状態にあることから財政危機を宣言し緊急財務管理者を任命したが、さらに同年７月には財政破綻を発表した。当時、街灯の40％が故

障し、市内に317カ所ある公園のうち210カ所が閉鎖されていた。人々はデトロイトから転出し、約8万の放棄された家とビルが残った。また、1960年にはデトロイトに存在した55万軒の住宅やアパートのうち、25万軒以上が取り壊され、多くは空き地となっていた（マラック、2020）。凶悪犯罪件数は全国平均の5倍に達した。わずか10億ドルの年間歳入で180億ドル以上の債務を賄わねばならず、金融市場での資金調達もできなくなっていた（EY）。ミシガン州政府の援助により、その後の破産手続きは1年5カ月で終了し、2014年12月10日には同市の再建計画に相当する「債務調整計画」が発効した（詳細は犬丸（2017）参照）。

## （2）復興の経緯

　デトロイト中心部の荒廃の改善に向けて、1970年、フォード・モーターの会長であったヘンリー・フォード2世が、都心の再開発としてデトロイト川西岸に高層ビル・コンプレックス「ルネッサンス・センター」の建設を計画し、1977年には第1期の工事が完工、6つのビルがオープンした。その後の増築、改築などもあり、現在はオフィス、ホテル、商業施設からなる7つの高層ビルと4つの低層ビルからなっている（図5.24）。ルネッサンス・センターには、当初からフォード・モーターのオフィスがあったが、1996年にGMがルネッサンス・センターを買収し市内から本社を移転した。デトロイト市は、ルネッサンス・センターを中心に都市再生を目指した。しかし、当時は周辺の市街地が荒廃しており、空きビルも多かったため、市街地全体への波及効果はあまりなかったと思われる。グレイザー（2012）は、ルネッサンス・センターの建設自体が衰退しつつある都市の再生方策としては効果がなく、フォード2世の判断は誤っていたと批判している。加えて、ピッツバーグと同様、プロスポーツのスタディアムを市が建設するなどしたため、これらのインフラ投資が財政破綻の一因になったとも言われている。

　また、市は都市再生方策の一環として、1987年にダウンタウンにLRTのピープルムーバー（People Mover）を開業した。ピープルムーバーはリニア誘導モーター技術を使用した4.73kmの高架の自動運転の移動システムであり、ダウンタウンを取り囲む単線の一方通行のループを反時計回りに走行

図5.24 ルネッサンス・センター

(出典) ウィキペディア

図5.25 ピープルムーバー

(出典) ウィキペディア

している(図5.25)。

　さらに、2017年には路面電車Qラインが建設され、都心のハードプラザからウッドワードアベニューに沿って南北5.3 kmを結んだ。沿線には劇場や美術館があり、市民だけでなく観光客にも利用されている(図5.26)。ピープルムーバーのループの中心をQラインが直線で交差しており、それらの位置関係を図5.27に示す。

　グレイザー(2012)はピープルムーバーの建設にも批判的だが、都心の再生が周辺に波及するためには、公共バスだけでなく軌道系の交通機関が必要という意見もある。また、デトロイトはモーター・シティと言われたが、中

図5.26　Qライン

（出典）Japanニュース倶楽部、2019

図5.27　ループ状のピープルムーバーと直線的なQライン

（出典）Google Maps

心部には駐車場が少なく、都心の移動が便利になったため街を散策する人も増えたと言われている（下野新聞、2019; Japanニュース倶楽部、2019）。

　空きビルが多くスラム化した都心部の再開発としては、デトロイト出身の起業家ダン・ギルバートが、市の中心部にある1,500万平方フィートを超える95件以上の商業用不動産を購入し、改修するために22億ドル以上を投資した。また、彼はデトロイトの新興企業や初期段階のテクノロジー企業に資金を提供するベンチャーキャピタル会社、デトロイト・ベンチャー・パートナ

ーズ（DVP）も創設し起業を支援している。2010年には、郊外にあった彼自身の住宅モゲージ会社を都心に移転し、自主的に周辺の街灯を交換し、警備員を巡回させたほか、多くの監視カメラを自社ビルの外壁に設置したため、近隣の治安が改善された（矢作、2020）。

　デトロイト市当局も2013年に市長となったマイク・ダガンが空き地や建物の問題に対応するためにランドバンクを設置した。デトロイトランドバンク局（DLBA）は、2017年春には市内の区画の約4分の1の権利書を有するまでになった。DLBAは所有する不動産を民間に分割譲渡するための様々なプログラムを設け、ダン・ギルバートの住宅モゲージ会社と提携し、購入希望者がすぐに住宅ローンの事前承認を取れるようにした。しかし、デトロイトの空き不動産はあまりに多く、マラック（2020）の執筆時点でDLBAは6万4,000の不動産を所有していた。

　そのほかにも、2016年に設立されたThe Platformという不動産会社は、質の高い住宅および商業開発を通じてデトロイトの再建に貢献することを目的にしている（The Platform）。彼らのスローガンは、「近隣地域を活性化するために、既存の居住者と小売業者に配慮した、収入と市場価格が混在するコミュニティの開発を目指す」と謳っており、多くのプロジェクトを実施している。最近の事例としては、ミルウォーキー・ジャンクション地区の旧スチュードベーカー・ビルを161戸のアフォーダブルな集合住宅に再開発する3,820万ドルのプロジェクトを開始した（図5.28）。10万8,000平方フィートの歴史ある工業用建物を改修し、スタジオ71室、1ベッドルーム87室、2ベッドルームのロフトスタイル・アパートメント3室を2024年夏に提供するというものであり、賃貸料は地域の平均収入の60〜120％と想定されている。この地区は自動車産業発祥の地でもあり、歴史的建造物にあたるビルの再利用ともなっている。また、銀行からだけではなく、ミシガン州立大学からも融資を受けている（Williams, 2023）。

　1990年からのデトロイト大都市圏の失業率を図5.29に示す。リーマン・ショックや最近のコロナ禍の影響で失業率が上昇することはあっても、ビッグ3の衰退時期に比べると基本的には安定している。また、最近のデトロイト市の年齢構成を図5.30に示す。20代の人口も多く、ある程度再生が進んでい

図5.28　旧スチュードベーカー・ビル

（出典）Williams, 2023

図5.29　デトロイト大都市統計圏の失業率の推移

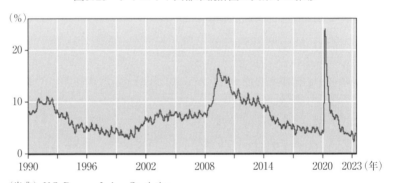

（出典）U.S. Bureau Labor Statistics

ると思われる。

　その原因としては、CASEの流れによる自動車の電動化や自動運転の影響で、もともと自動車生産に関する技術的蓄積や工場が残っているデトロイトに復活の兆しが見えることが挙げられる。近年の具体的な事例を以下に挙げる（リンジマン、2023; 杉本、2023など）。

- フィアット・クライスラー：使用停止したデトロイトの工場でジープの

## 3. デトロイトにおける産業と地域の再生

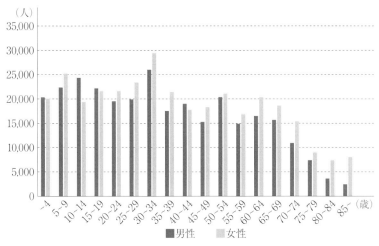

図5.30 デトロイト市の年齢構成（2023年）

（出典）U.S. Census Bureau

生産を再開（2018年発表）
- フォード：ミシガン州にEV用電池のR＆Dセンターを設立（2021年発表）
- GM：デトロイトのEV生産拠点建設に70億ドルを投資（2022年発表）
- フォード：中西部3州でEV増産のため37億ドルを投資（2022年発表）
- GM：ミシガン州にEV用の全固体電池の第3工場建設（2022年発表）
- アワー・ネクスト・エナジー、ゴーション、フロー：ミシガン州にEV用電池工場建設を予定（2022年発表）
- フォード：ミシガン州にEV用リチウムイオン電池工場建設のため35億ドルを投資（2023年発表）
- ミシガン州がミシガン大学EVセンター新設に1億3,000万ドルを出資（2023年発表）
- 2015〜2023年にミシガン州が166億ドルのEV関連の投資（環境防衛基金資料）
- EVバッテリー製造はミシガン州、ジョージア州、ケンタッキー州が独占か（CNBC）

図5.31 アメリカにおける EV および FCV の販売台数と全車に占めるシェア

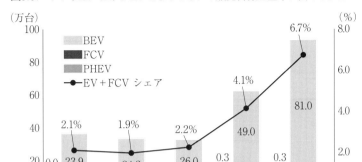

（出典）2019年までエネルギー省、2020-2022年はモーターインテリジェンスを基にジェトロ作成、https://www.jetro.go.jp/biz/areareports/2023/2051865300b80d0d.html#

　このように、一旦、衰退したとはいえ、EVなどの新たな自動車の技術革新に当たっては、デトロイトを中心としたミシガン州に優位性があることが、次第に明確になりつつある。例えば、ミシガン州は第17回ビジネス環境年次ランキングの自動車部門で1位となった（2021年）。

　アメリカにおける近年の自動車電動化の動きを図5.31に示す。基本的には堅調に推移しており、EV関連の製造拠点がデトロイトなどミシガン州にも多く立地することが見込まれる。

　さらに、自動運転についても最近はデトロイト大都市圏が開発の中心になりつつある。ミシガン州政府などが運営するアメリカン・センター・フォー・モビリティ（ACM）はデトロイトの西方のイプシランティに2017年に設立された。図5.32に示すようにデトロイト周辺には新たな自動車技術開発の拠点や施設が数多く立地しており、その集積を活かすことが設立の基本的な目的であると謳っている（American Center for Mobility, 2023）。

　ACMは、第二次世界大戦中に爆撃機が量産され、戦後はGMの変速機工場となっていた広大な敷地（東京ドーム40個分）を利用して、自動運転車の走行実験を行っている。実験ごとに道路に設置した障害物を入れ替えて走行

図5.32 デトロイト周辺における EV や自動運転に関係する施設の立地

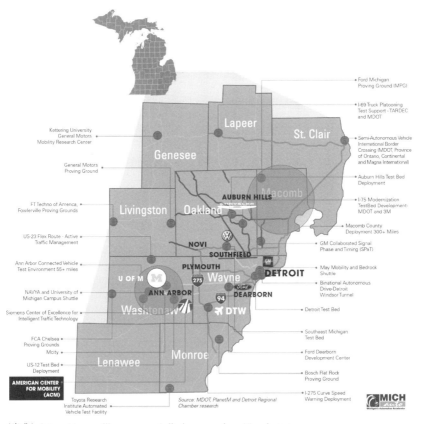

(出典) https://acmwillowrun.org/offerings-services/#realestate

させることで、安全性を高める作業が進められている（杉本、2023）。試験走路は数 km に及び、5 車線 4 方向のインターチェンジや高速道路の出入口も用意されている（図5.33）。

トヨタも ACM 創設時から資金を拠出しており、2017年には500万ドル、2021年には600万ドルを拠出している（リンジマン、2023）。トヨタ以外にもヒュンダイ、ダイムラー、シーメンスなどの企業が参加しており、国際的な技術開発拠点になっている。

また、図5.32にも記載されている通り、デトロイトの西方のアナーバー市

にあるミシガン大学の北部キャンパスにはエムシティ（Mcity）と呼ばれる自動運転実証実験施設がある（図5.34）。表5.3に示した参加企業を見ると、ここにも日本を含め世界各国からパートナー企業が集まっていることがわかる。

　ミシガン州政府は州内のデトロイトとアナーバーを結ぶ高速道路に自動運転車とコネクテッドカーの専用車線を造る計画も進めており、これにより、アナーバーのミシガン大学とデトロイト・メトロポリタン空港、ミシガン中央駅（フォードが新たな研究施設に改修）が結ばれることとなる。

　また、ミシガン州のウィットマー知事は2022年9月に「ミシガン未来モビリティ計画」を発表した。その3つの柱は以下の通りである（リンジマン、2023）。


①モビリティ産業の雇用を増やすこと
②より安全で、より環境に優しく、よりアクセスしやすい交通インフラを
　提供すること
③モビリティと電動化に関するイノベーションとその支援策で世界の先頭
　を走り続けること


　上記のような研究開発施設やその実用化のための支援は、まさにデトロイトを中心としたミシガン州の経済再生を目的としたものである。

　デトロイトは都市圏の人口規模では全米12位だが、図5.14、図5.15で見たように、人口あたりのスタートアップへの投資件数は26位であり、ピッツバーグに比べると、まだベンチャーへの投資は少ない。しかし、図5.35に示すように、最近はデトロイトのスタートアップの育成環境（エコシステム）の進化が注目されている。つまり、起業を支援する地域的な環境の進歩に勢いが観察されるという評価が定まりつつある。以前は、デトロイトはピッツバーグを見習うべきという議論もあったが（ファインマン、2009）、前述のようにピッツバーグは研究開発が雇用に結びついていないなど若干沈滞気味であり、最近の伸びはデトロイトの方が上回っている。

　例えば、自動運転のスタートアップであるメイモビリティの経営者エドウ

3. デトロイトにおける産業と地域の再生　113

図5.33　ACM の実験施設

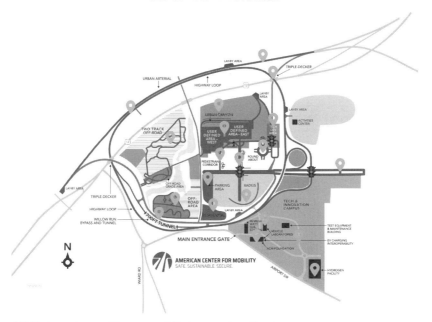

（出典）https://acmwillowrun.org/offerings-services/#realestate

図5.34　エムシティでの自動運転の実験

（出典）https://mcity.umich.edu/5-million-to-create-next-generation-av-test-facility-at-mcity/

表5.3　エムシティへの参加企業

| 業界 | 主なパートナー |
|---|---|
| 産業界(リーダーシップサークル) | Covington、Deloitte、デンソー、Ford、本田技研工業、State Farm、トヨタ自動車、Verizon |
| 産業界(アフィリエイト) | 3D Mapping Solutions、AARP、Analog Devices、bitsensing、CARMERA、Danlaw、Dykema、GM、日立製作所、Humanetics、いすゞ、J.D. Power、Lear Corporation、Magna New Mobility、NAVYA、日産自動車、Rescale、Spartan Radar、スバル |
| 政府 | アナーバー市政府、ミシガン州運輸省、ミシガン州経済開発公社、連邦運輸省、連邦エネルギー省 |
| ミシガン大学 | 工学部、UM運輸研究所、UMエネルギー研究所 |

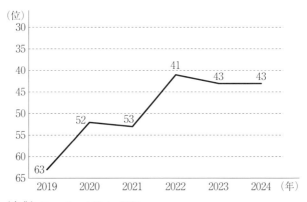

図5.35　デトロイトのスタートアップのエコシステムのランキング上昇

(出典) Penzel and Katz, 2024

ィン・オルソンは、MITで博士号を取得した後、自動運転の研究を続けるため2008年にミシガン大学へ移った。研究で得た知見を活かそうとフォードやトヨタの研究所で自動運転の実用化を目指した後、2017年に研究仲間6人でメイモビリティを創業した。彼や友人たちは2013年の市の財政破綻の時も、この地域に留まって自動運転の実現に向けて努力を続けた。かつて在職したトヨタもメイモビリティの車両開発に協力し、ブリヂストン、豊田通商、ソフトバンク、東京海上なども資本参加しており、地元企業とも協力している。

また、ロボティクスの伝統は以前から存在している。例えば、川崎重工は、アメリカの自動車メーカー向けのビジネス開拓に向けて1986年に北米事務所

3. デトロイトにおける産業と地域の再生　115

をデトロイトに設置し、翌年には事務所の機能を拡大し、「デトロイト・ロボットセンター」を開設した。1989年には数百台規模でのスポット溶接用ロボットを導入した。さらに、1990年にデトロイト・ロボットセンターはKawasaki Robotics（USA），Inc.へと発展し、現在に至っている（Kawasaki Robotics, 2018）。

## （3）今後の課題

　前述のように、以前の自動車産業の衰退期に市内の人口の80％が低所得の黒人になるなど、ピッツバーグ以上に人種と所得の偏りがあることが、デトロイトの都心の再生を阻害している。例えば、図5.36の所得分布、図5.37の貧困地帯を見ても市の中心部は貧困層によって占められていることがわかる。さらに、図5.38、図5.39の人種の分布と比較すれば、今でも黒人の低所得層が都心部に固まっており、逆に白人の比較的所得の高い層は郊外に分散していることが確認できる。

　そのため、ダン・ギルバートの貢献もあり、ハートプラザ周辺の都心は急激に復興しており、前述のように廃墟や空き地となった区画の再開発も徐々に進んではいるとはいえ、多くの市街地は荒廃したままで治安もきわめて悪い（矢作、2020）。前述のピープルムーバーやQラインがカバーする範囲がきわめて小さいため、都心の活性化の効果が周辺部まで届いていない。また、人種間の分断を繋ぎ、人種差別を撤廃し貧困を改善することが必要という主張もある（佐久間、2018）。前述のように、少数民族の包摂はピッツバーグでも主張されているが、経済再生の効果が快適な都市生活をもたらすためには、一部の白人の経済的成功だけでは不十分と思われる。

116　第5章　ラストベルトの再生

図5.36　デトロイトの所得分布（世帯所得中央値、2018-2022年）

不明　　0〜　　　59,771ドル〜　77,366ドル〜　95,814ドル〜　124,575ドル〜

（出典）https://www.policymap.com/

図5.37　デトロイトの貧困地帯（貧困率、2018-2022年）

不明　　0%〜　　0.05%〜　　0.57%〜　　2.45%〜　　5.95%〜

（出典）https://www.policymap.com/

図5.38 デトロイトの白人の居住地の分布（白人の割合、2018-2022年）

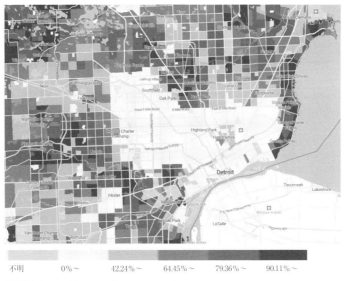

不明　　0%～　　42.24%～　　64.45%～　　79.36%～　　90.11%～

（出典）https://www.policymap.com/

図5.39 デトロイトの黒人の居住地の分布（黒人の割合、2018-2022年）

不明　　0%～　　0.53%～　　2.44%～　　7.01%～　　20.28%～

（出典）https://www.policymap.com/

図5.40　主要国の1人あたりGDPの推移

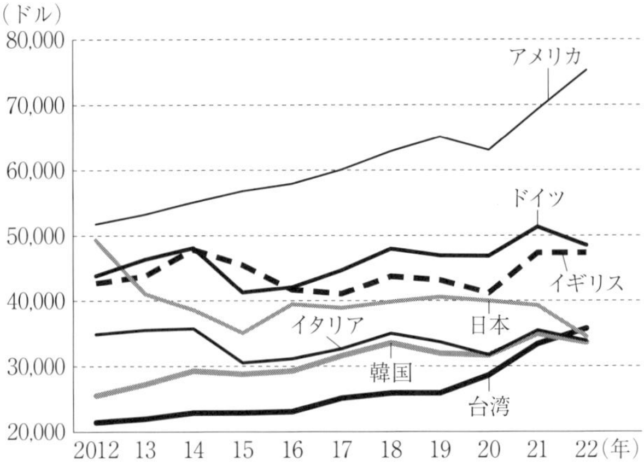
(ドル)
80,000
70,000
60,000
50,000
40,000
30,000
20,000
アメリカ
ドイツ
イギリス
日本
イタリア
韓国
台湾
2012
13
14
15
16
17
18
19
20
21
22(年)

(出典) 野口、2023

## 4. 結論と今後の課題

本章では、かつてアメリカの製造業の代名詞だった製鉄業と自動車産業の中心地だったピッツバーグとデトロイトを取り上げ、産業の衰退に伴う都市の人口減少や構成する人種の変化などの経緯を振り返るとともに、最近の再活性化の状況と残された課題をまとめた。産業の衰退に起因する両市の財政破綻の解消については州政府の支援が大きかったが、デトロイト周辺では、特にミシガン州政府の自動運転をはじめとする技術開発への支援が地域の産業の再生に大きな影響を及ぼしていることがわかる。そのような支援によって、優れたスタートアップも生まれ、企業や大学の相乗効果も機能している。アメリカの場合は、人種と所得の相関が大きいので、都心に固まりやすいアフリカ系黒人の低所得層に対しても産業の再生の経済効果が及ぶような「包摂」の必要性が主張されることが多くなったが、これは産業の再生がたどり着くべき最終目標として重要な課題であろう。

わが国の場合も、アメリカの製鉄業や自動車産業のような急激な衰退は顕著ではないとはいえ、長期にわたる経済の停滞と、その背後にある緩やかな産業の衰退（家電、医薬品、製鉄、さらには半導体）に対して真剣に向き合

う時期が来ていると思われる。図5.40に主要国の1人あたりGDPの推移を示す。日本の成長が止まっているのは、野口（2023）が主張するように異様な金融緩和の影響もあるが、以前は技術的に優位に立っていた産業の開発力が弱まり、国際競争力を失いつつある産業が多い中で、それに代わる成長産業を見出せない状況が長引いていることも事実であろう。比較優位の原則からすれば、家電、医薬品、製鉄、半導体などに代わって他の産業を日本が担当すべきだが、まだ手探りの状態であるように思われる。

　また、デトロイトを拠点とする全米自動車労働組合も懸念を表明しているように、部品数の少ないEVへの移行により、自動車製造に関わる労働者数が減少する可能性がある。したがって、人口減少による労働力の減少が見込まれる一方で、日本の自動車産業の雇用が大きく減少するという影響も懸念される（この点に関しては第6章でも言及する）。

　例えば、杉本（2023）も紹介しているチューリングのように、完全自動運転のEVの開発を目指すスタートアップも現れている。チューリングは2021年の設立以降、2022年にはAI自動運転走行による国内初の北海道一周を行い、2023年にレクサスをベースとし、自社開発したAI自動運転機能を搭載する「THE FIRST TURING CAR」を販売するなど、勢いのある技術開発を進めている。このようなスタートアップから新たな"豊田喜一郎"が生まれることで、日本の主要産業も新たな成長を生み出すことができるのではないだろうか。

　ピッツバーグやデトロイトの再生も参考にしつつ、わが国においても各地の地域経済の中核となっている産業構造の現状を吟味し、衰退の可能性と、その後の再生の方策を模索する作業が必要と思われる。

# 第6章

# 日本における人口集中と課題

## 1. 三大都市圏への人口集中

　図6.1に示すように、21世紀に入りわが国では国民の半数以上が三大都市圏に居住するようになったが、一方では、少子高齢化の影響もあり地方都市の消滅の危機が指摘されて久しい（人口戦略会議、2024）。最近はさらに、名古屋（大都市）圏（愛知県、岐阜県、三重県）および大阪（大都市）圏（大阪府、兵庫県、京都府、奈良県）からも若年層の東京（大都市）圏（東京都，神奈川県，埼玉県，千葉県）への人口流出が顕著となり、長らく謳われてきた「東京一極集中とその是正」が新たな段階に突入したことが鮮明になっている。最近のコロナ禍においては、リモートワークの普及により企業や労働者の地方への移転が注目を集めたこともあるが、実態としては名古屋圏から東京圏への転出などはむしろ増加しており、三大都市圏から「一大都市圏」への新たな移行が始まったとも解釈できる。そこで、本章では、名古屋圏と大阪圏に焦点を当てながら、改めて新たな一極集中の現状の確認とその要因および緩和策の基本的検討を行う。

　まず、次節では、最近の住民基本台帳の資料に基づき、三大都市圏を中心に国内の人口移動の実態を説明する。続いて第3節と第4節では、それぞれ名古屋圏と大阪圏における人口移動の状況と原因を検討するとともに、今後の産業構造などにおける地域的課題を述べる。最後に、第5節において「一大都市圏」となった場合の最大の問題点である災害リスクや、それを抑止するための今後の課題をまとめる。

第6章　日本における人口集中と課題

図6.1　三大都市圏の人口シェアの推移

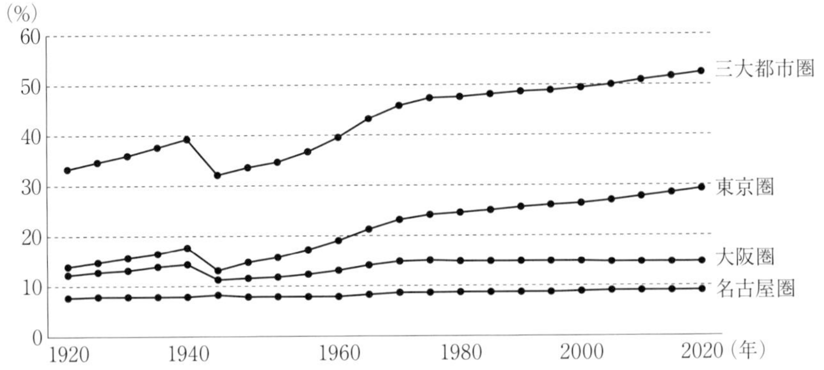

(%)

三大都市圏

東京圏

大阪圏

名古屋圏

1920　1940　1960　1980　2000　2020（年）

（出典）国勢調査

## 2. 近年における国内の人口移動の状況

　総務省住民基本台帳人口移動報告（2024年）によると、図6.2に示すように、2022年、2023年の都道府県別転入超過数は東京都を中心とした東京圏が圧倒的に多く、図6.3〜図6.5によれば三大都市圏では名古屋圏の転出が多い。図6.3に示すように大阪府も愛知県に次いで東京都への転出が多いが、図6.5に示すように広島県や岡山県からの転入によって結果的には転入超過となっている。しかし、兵庫県は愛知県、大阪府に次いで東京都への転出が多く、全体としても転出超過となっている。

　図6.6に示すように、都道府県間の人口移動は男女共に20代が多く、大学進学や就職時の居住地選択の影響が大きいと思われる。（図6.3から明らかなように、宮城県、新潟県、静岡県、広島県、福岡県など、地域的中心となる他の都道府県からの東京圏への転出も多いが、ここでは上述のように「三大都市圏から一大都市圏への移行」に焦点を絞るため、名古屋圏および大阪圏からの転出の要因のみを検討することとする。）

　また、図6.7に示すように、名古屋圏では2016年頃まで若い女性の東京圏への流出が顕著であり、サービス産業における職種の少なさなどの影響が指摘されたが、2017年以降は男女とも東京圏への流出が急激に増加しており、

2. 近年における国内の人口移動の状況　123

図6.2　都道府県別転入超過数（2022年、2023年）

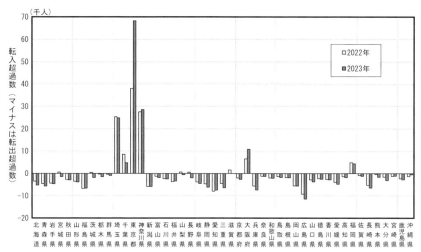

（出典）総務省統計局、2024

図6.3　道府県別にみた東京圏の転入超過数（2022年、2023年）

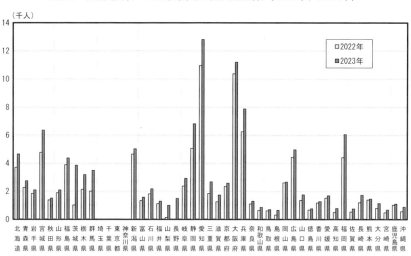

（出典）総務省統計局、2024

124　第6章　日本における人口集中と課題

図6.4　都道府県別にみた名古屋圏の転入超過数（2022年、2023年）

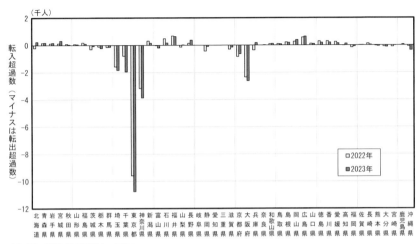

（出典）総務省統計局、2024

図6.5　都道府県別にみた大阪圏の転入超過数（2022年、2023年）

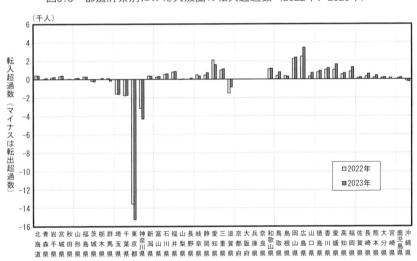

（出典）総務省統計局、2024

2. 近年における国内の人口移動の状況　125

図6.6　年齢5歳階級別都道府県間移動者数（2022年、2023年）

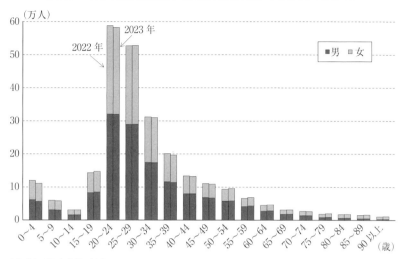

（出典）総務省統計局、2024

図6.7　三大都市圏の転入超過数の推移（2014-2023年）

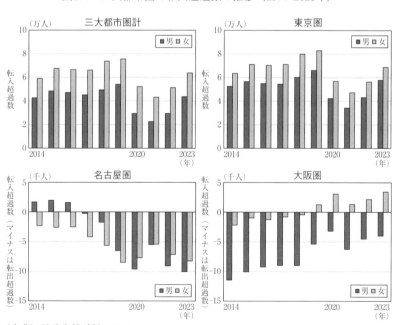

（出典）総務省統計局、2024

結果的にその中心の愛知県が東京都への流出が最も多い県となっている。これに対して、大阪圏は（幾分減少気味とはいえ）男性の転出は依然として多いものの、女性は近年、転入超過となっており、名古屋圏との構造的な相違も見られる。一方、東京圏では女性の方が転入の多い状態が続いており、東京圏の出生率自体は低いにもかかわらず、出生数は多いという誤解されやすい現象を生んでいる（天野、2023; 日本経済新聞、2024.7.20）。

## 3. 名古屋圏における人口移動の状況と対策について

　経済学的には、所得格差を人口移動の第一の要因と想定することが一般である。2020年における都道府県別の平均所得を図6.8に示す。確かに東京都が群を抜いていることは明らかであり、東京圏への全国的な人口流出の基本的要因と考えられる。ただし、愛知県は一応第2位であり（その差は1,786千円/人）、所得格差だけでは図6.4のように愛知県から東京都への人口流出が最大になる理由としては不十分と思われる。

　上述のように、2016年まで名古屋圏から東京圏への女性の流出が顕著であった原因としては、図6.9に示すように、名古屋圏がわが国の製造業の中心であり、逆にサービス産業の職種が少ないこと、また、その影響もあり、女性の管理職比率が低いことが指摘された。例えば、最近のジェンダーギャップ指数調査においても、東京都の政治1位、経済3位に対して、愛知県は政治23位、経済29位であり、大阪府の政治4位、経済9位と比較しても大きな差が存在する（地域からジェンダー平等研究会、2024）。同様に、女性活躍推進法に基づき、厚生労働省が企業における女性の働きやすさを評価している「プラチナえるぼし」に2024年11月に認定された301人以上の企業40社中、東京都13、愛知県1、大阪府3という結果から見ても、女性にとって魅力的な職場の少ないことが窺える（厚生労働省、2024.11）。

　しかしながら、図6.7に示したように、2017年以降は男性の流出も急激に増加しており、製造業に特化した産業構造により、女性にとって魅力的な職場が少ないというだけでは済まない状況に突入したと言える。むしろ、図6.10に示すように、近年は上場企業の本社がさらに東京圏への集中を強めて

3．名古屋圏における人口移動の状況と対策について　127

図6.8　1人あたり県民所得（2020年）

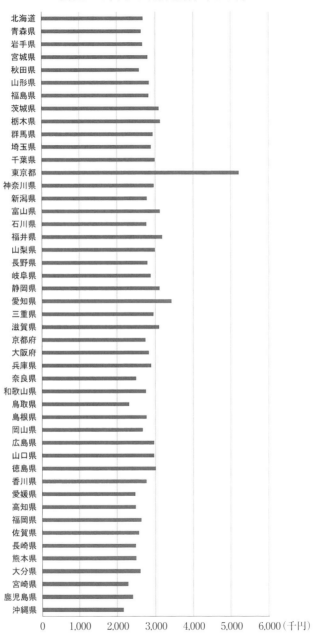

（出典）内閣府　県民経済計算

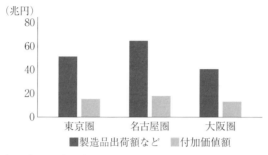

図6.9　三大都市圏の製造品出荷額

（出典）2020年工業統計表

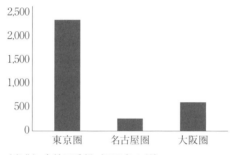

図6.10　上場企業の本社数

（出典）会社四季報（2021年1月）

いることが、男性の流出に繋がっている可能性が高い。つまり、製造や営業の現場ではなく、企業の中枢管理機能を担う労働者は東京圏への居住が必要となっている。

　上述のように、1人あたり県民所得は東京都がずば抜けて高く、東京一局集中の基本的要因と思われる。しかしながら、不動産価格の高さや通勤時間の長さといったデメリットもあり、従来から東京圏の生活の満足度は必ずしも高くないと言われていた。例えば、表6.1に示すブランド総合研究所のアンケート調査（第5回地域版SDGs調査2023）では東京圏の幸福度は改善されつつあるとはいえ、上位と言えるわけではない。同研究所が行っている地域ブランド調査2023（表6.2）では、魅力度のランキングで東京都や大阪府は上位に入っているが、北海道、京都府、沖縄県がさらに上位を占めている。

## 3. 名古屋圏における人口移動の状況と対策について　129

### 表6.1　都道府県　幸福度ランキング

| 全国順位 | | 都道府県名 | 幸福度（点） | | 全国順位 | | 都道府県名 | 幸福度（点） | |
|---|---|---|---|---|---|---|---|---|---|
| 23年 | 22年 | | 23年 | 22年 | 23年 | 22年 | | 23年 | 22年 |
| 1 | 1 | 沖縄県 | 74.2 | 77.4 | 25 | 20 | 大阪府 | 68.0 | 70.5 |
| 2 | 2 | 鹿児島県 | 72.8 | 75.4 | 26 | 4 | 静岡県 | 67.9 | 74.2 |
| 3 | 35 | 熊本県 | 72.3 | 68.4 | 27 | 32 | 京都府 | 67.9 | 68.6 |
| 4 | 10 | 三重県 | 71.7 | 71.9 | 28 | 46 | 東京都 | 67.8 | 65.7 |
| 5 | 15 | 大分県 | 70.9 | 71.5 | 29 | 19 | 兵庫県 | 67.8 | 70.9 |
| 6 | 12 | 奈良県 | 70.6 | 71.6 | 30 | 32 | 新潟県 | 67.7 | 68.6 |
| 7 | 3 | 宮崎県 | 70.5 | 74.9 | 31 | 25 | 宮城県 | 67.5 | 69.3 |
| 8 | 15 | 滋賀県 | 69.8 | 71.5 | 32 | 18 | 岡山県 | 67.4 | 71.2 |
| 9 | 5 | 福岡県 | 69.5 | 73.9 | 33 | 29 | 山口県 | 67.4 | 69.2 |
| 10 | 12 | 高知県 | 69.5 | 71.6 | 34 | 7 | 佐賀県 | 67.4 | 72.6 |
| 11 | 23 | 山梨県 | 69.3 | 70.0 | 35 | 25 | 北海道 | 67.3 | 69.3 |
| 12 | 25 | 島根県 | 69.3 | 69.3 | 36 | 37 | 埼玉県 | 67.1 | 68.3 |
| 13 | 9 | 石川県 | 69.3 | 72.1 | 37 | 40 | 福島県 | 66.7 | 67.8 |
| 14 | 10 | 愛媛県 | 69.2 | 71.9 | 38 | 20 | 広島県 | 66.6 | 70.5 |
| 15 | 6 | 和歌山県 | 69.1 | 72.7 | 39 | 35 | 茨城県 | 66.5 | 68.4 |
| 16 | 8 | 長野県 | 69.1 | 72.2 | 40 | 44 | 千葉県 | 66.2 | 65.9 |
| 17 | 24 | 群馬県 | 69.0 | 69.7 | 41 | 38 | 愛知県 | 65.9 | 68.2 |
| 18 | 12 | 香川県 | 68.9 | 71.6 | 42 | 29 | 山形県 | 65.7 | 69.2 |
| 19 | 22 | 福井県 | 68.8 | 70.1 | 43 | 31 | 鳥取県 | 65.6 | 68.8 |
| 20 | 25 | 岩手県 | 68.7 | 69.3 | 44 | 40 | 青森県 | 65.5 | 67.8 |
| 21 | 39 | 富山県 | 68.5 | 68.0 | 45 | 47 | 秋田県 | 64.7 | 65.0 |
| 22 | 45 | 神奈川県 | 68.5 | 65.8 | 46 | 43 | 栃木県 | 64.1 | 66.3 |
| 23 | 32 | 長崎県 | 68.1 | 68.6 | 47 | 40 | 徳島県 | 63.6 | 67.8 |
| 24 | 15 | 岐阜県 | 68.1 | 71.5 | | 47都道府県平均 | | 68.3 | 70.1 |

（出典）ブランド総合研究所、2023a

一方、表6.3に示す2023年の大東建託の調査では東京都が住み心地などで第
1位となっており、調査によって結果が大きく異なることが判明している。
アンケート調査による相違については、今後、さらに検討が必要と思われる
が、上述のように「人口移動では人を惹き付ける東京が、実際に住んでみる
と、必ずしも幸福度が高くない」といった伝統的な解釈では済まない状況が

**130** 第6章 日本における人口集中と課題

## 表6.2 地域ブランド調査2023 都道府県魅力度ランキング

| 全国順位 | | 都道府県名 | 幸福度（点） | | 全国順位 | | 都道府県名 | 幸福度（点） | |
|---|---|---|---|---|---|---|---|---|---|
| 23年 | 22年 | | 23年 | 22年 | 23年 | 22年 | | 23年 | 22年 |
| 1 | 1 | 北海道 | 72.4 | 73.3 | 25 | 29 | 大分県 | 23.1 | 22.5 |
| 2 | 2 | 京都府 | 56.6 | 57.3 | 26 | 25 | 新潟県 | 23.0 | 24.3 |
| 3 | 3 | 沖縄県 | 52.7 | 53.6 | 27 | 23 | 秋田県 | 22.4 | 24.7 |
| 4 | 4 | 東京都 | 49.0 | 49.3 | 28 | 32 | 香川県 | 22.0 | 22.3 |
| 5 | 5 | 大阪府 | 43.3 | 43.2 | 29 | 31 | 岩手県 | 21.7 | 22.4 |
| 6 | 7 | 福岡県 | 40.4 | 40.8 | 30 | 26 | 和歌山県 | 21.3 | 23.7 |
| 7 | 6 | 神奈川県 | 39.4 | 41.6 | 31 | 28 | 山形県 | 21.1 | 23.1 |
| 8 | 8 | 奈良県 | 37.2 | 36.9 | 32 | 29 | 高知県 | 20.9 | 22.5 |
| 9 | 10 | 石川県 | 33.4 | 33.1 | 33 | 34 | 福島県 | 20.7 | 20.0 |
| 10 | 9 | 長崎県 | 32.3 | 35.8 | 34 | 36 | 愛媛県 | 20.0 | 19.5 |
| 11 | 15 | 宮城県 | 32.2 | 29.6 | 35 | 33 | 岡山県 | 19.1 | 21.0 |
| 12 | 13 | 千葉県 | 32.1 | 32.0 | 36 | 38 | 滋賀県 | 19.0 | 18.3 |
| 13 | 12 | 長野県 | 31.9 | 32.2 | 37 | 39 | 島根県 | 18.5 | 18.1 |
| 14 | 11 | 兵庫県 | 30.6 | 32.4 | 38 | 37 | 福井県 | 18.4 | 19.0 |
| 14 | 14 | 静岡県 | 30.6 | 30.5 | 39 | 34 | 岐阜県 | 18.3 | 20.0 |
| 16 | 20 | 愛知県 | 29.1 | 25.8 | 39 | 40 | 栃木県 | 18.3 | 17.7 |
| 17 | 18 | 広島県 | 26.5 | 27.3 | 41 | 42 | 鳥取県 | 17.3 | 17.3 |
| 18 | 17 | 熊本県 | 26.3 | 27.4 | 42 | 41 | 徳島県 | 16.6 | 17.4 |
| 19 | 16 | 鹿児島県 | 26.1 | 27.6 | 42 | 43 | 山口県 | 16.6 | 15.4 |
| 20 | 19 | 青森県 | 25.2 | 26.7 | 44 | 44 | 群馬県 | 16.3 | 15.1 |
| 21 | 27 | 山梨県 | 24.5 | 23.6 | 45 | 45 | 埼玉県 | 15.8 | 14.3 |
| 22 | 23 | 富山県 | 23.8 | 24.7 | 46 | 47 | 佐賀県 | 13.8 | 13.2 |
| 23 | 21 | 宮崎県 | 23.7 | 25.4 | 47 | 46 | 茨城県 | 13.7 | 13.5 |
| 24 | 22 | 三重県 | 23.2 | 25.2 | | 47都道府県平均 | | 27.2 | 27.7 |

（出典）ブランド総合研究所、2023b

生まれている可能性には注意すべきであろう。

　さらに、名古屋圏では、近年の製造業の中核とも言える自動車産業において、EV 移行に伴う労働需要の減少が見込まれている。同様の問題はヨーロッパやアメリカでも懸念されているが、最近の業界の予測では、EV 化とギガキャストへの転換で工場労働者の雇用は 2〜5 割減少すると言われており、

## 3. 名古屋圏における人口移動の状況と対策について　131

表6.3　住みここち（都道府県）ランキングトップ23

| 順位 | 昨年 | 自治体名 | 偏差値 | 評点 | 回答数 |
|---|---|---|---|---|---|
| 1 | 1 | 東京都 | 74.4 | 68.6 | 106,447 |
| 2 | 3 | 神奈川県 | 66.1 | 66.3 | 64,493 |
| 3 | 2 | 兵庫県 | 65.7 | 66.2 | 37,084 |
| 4 | 4 | 福岡県 | 65.4 | 66.2 | 33,444 |
| 5 | 5 | 沖縄県 | 64.8 | 66.0 | 8,004 |
| 6 | 6 | 大阪府 | 63.5 | 65.6 | 63,788 |
| 7 | 7 | 京都府 | 61.3 | 65.0 | 18,094 |
| 8 | 9 | 奈良県 | 61.1 | 65.0 | 8,885 |
| 9 | 8 | 愛知県 | 60.7 | 64.9 | 51,555 |
| 10 | 10 | 埼玉県 | 57.2 | 63.9 | 45,157 |
| 11 | 11 | 石川県 | 56.4 | 63.7 | 6,413 |
| 12 | 12 | 広島県 | 56.2 | 63.7 | 18,328 |
| 13 | 13 | 千葉県 | 56.2 | 63.7 | 40,418 |
| 14 | 14 | 滋賀県 | 55.8 | 63.6 | 8,642 |
| 15 | 16 | 香川県 | 53.8 | 63.0 | 5,712 |
| 16 | 17 | 長野県 | 53.5 | 62.9 | 12,047 |
| 17 | 19 | 岡山県 | 53.0 | 62.8 | 10,918 |
| 18 | 18 | 宮城県 | 52.7 | 62.7 | 15,132 |
| 19 | 15 | 北海道 | 52.5 | 62.7 | 36,016 |
| 20 | 21 | 熊本県 | 51.7 | 62.5 | 8,478 |
| 21 | 22 | 静岡県 | 51.4 | 62.4 | 21,101 |
| 22 | 20 | 群馬県 | 51.4 | 62.4 | 10,506 |
| 23 | － | 佐賀県 | 50.5 | 62.1 | 4,249 |

（出典）大東建託 Web サイト

自動車生産の中心地である名古屋圏への影響はきわめて大きいと思われる（日本経済新聞、2024.5.2）。さらに、EV 化と並行して自動運転技術の開発も進んでいるが、日本の自動車企業は、第4章や第5章でも触れた通り、アメリカのシリコンバレーやデトロイト近郊などを開発拠点としているほか、国内ではトヨタがウーブン・バイ・トヨタの本社を日本橋に置いている（日本経済新聞、2024.3.20）。さらに2029年には東京本社を品川に移転・拡充する予定であり、EV 化や自動運転技術、車載ソフトウェアの国内の開発拠点

第6章　日本における人口集中と課題

図6.11　大学発スタートアップ数（2021年度）

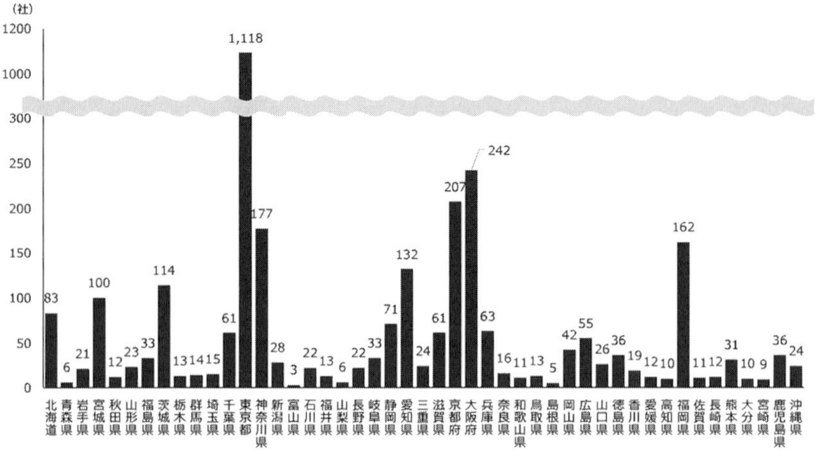

（社）

1,118

177
242
207
162
132
114
100
83
71
63
61　61
55
42
36　36
33　33
31
28
24　24
23
22　22
21
19
16
15
14
13　13
12　12　12
11　11　11
10　10
9
6
5
3

北海道　青森県　岩手県　宮城県　秋田県　山形県　福島県　茨城県　栃木県　群馬県　埼玉県　千葉県　東京都　神奈川県　新潟県　富山県　石川県　福井県　山梨県　長野県　岐阜県　静岡県　愛知県　三重県　滋賀県　京都府　大阪府　兵庫県　奈良県　和歌山県　鳥取県　島根県　岡山県　広島県　山口県　徳島県　香川県　愛媛県　高知県　福岡県　佐賀県　長崎県　熊本県　大分県　宮崎県　鹿児島県　沖縄県

（出典）内閣官房　新しい資本主義実現本部事務局、2022

とすることとしている。その理由として、名古屋圏に比べて東京の方がIT人材の確保が容易である点を挙げている（日本経済新聞、2024.3.22）。IT人材に関しては、スタートアップの影響も大きいと思われるが、図6.11に示すように、2021年度の大学発スタートアップ数において、東京都は愛知県の8倍以上となっており、事業内容もIT関係が多い（内閣官房　新しい資本主義実現本部事務局、2022）。

　このようにIT関連の企業が東京圏に集中している点に関しては、愛知県が2024年10月に開設した新興育成拠点「STATION Ai」（名古屋市）を中心に後れを取り戻そうとしている。愛知県の働きかけもあり、トヨタ自動車、三菱重工系のMHIエアロスペースシステムズ、日本ガイシ、ノリタケなどのほか、シンガポールの起業支援施設BLOCK71なども入居し、スタートアップとの連携に乗り出すことが発表された（日本経済新聞、2024.7.24; 2024.8.2）。地元の名古屋大学などの協力も合意されているが、名古屋圏の製造業の技術的高度化と付加価値の増加に繋がることが期待される（図6.9に示したように、製造品出荷額では名古屋圏が群を抜いているが、付加価値額の差はそれほど大きくない）。

図6.12　3空港と5大港湾の貿易額（2023年）

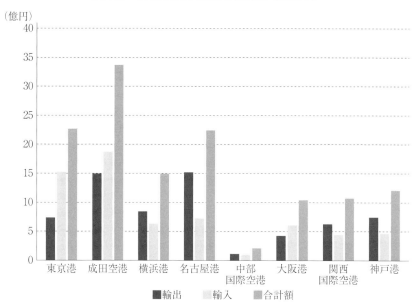

(出典) 神戸税関、令和5年全国開港別貿易額表、https://www.customs.go.jp/kobe/boueki/05zenkokujuni.html

　このように、名古屋圏が東京圏への人口流出を抑制するためには、職種を含めた女性に魅力的な地域づくりや後れを取っているIT系の産業振興はもとより、例えば航空宇宙産業など、自動車に代替する大規模な産業の育成が急務と思われる。三菱重工の国産旅客機開発は2023年に一旦停止したが、2024年3月に経済産業省は改めて国産ジェット機の開発に向けた新戦略を提示した（日本経済新聞、2024.3.27）。それによれば、複数の企業による共同開発を根幹としてボーイング社にも協力を仰ぐこととし、開発資金として官民で5兆円の拠出を計画している（三菱スペースジェットの場合は、三菱重工が1兆円支出したのに対し、国の投資は500億円に過ぎなかった）。従来から、名古屋圏にはボーイング社の航空機関連の部品を生産している企業が数多くあり、同社にとっても日本の航空機関連産業の発展は価値を持つと考えられる。実際、2024年4月にボーイング社は名古屋駅前に日本の研究開発拠点「ボーイング ジャパン リサーチセンター」を開設するなど、国産旅客機

開発の再チャレンジの機運は高まっている（ボーイング ジャパン、2024）。ただし、三菱重工自体は以前の失敗に鑑み慎重な姿勢を変えていないとの報道が続いている点が懸念される（例えば日本経済新聞、2024.6.26）。

　また、近年は半導体などの電子製品を筆頭に、軽量で付加価値の高い工業製品の輸出入が増加し、航空貨物の重要性が増している。このため、図6.12のように、貿易額においては成田空港がずば抜けた存在となっている。もちろん、自動車や穀物、石油・天然ガス、安価な衣料などは船舶による交易が主であり、港湾の役割も重要である。特に輸出においては製造業の中心である名古屋圏の物流の窓口である名古屋港が中心的な存在となっているが、輸入に関しては大消費地、東京圏のターミナルである東京港が中心となっている（ちなみに、大阪圏の関西国際空港、大阪港、神戸港は、貿易額において横浜港よりも少ない）。特に、上述のように航空機の部品をアメリカへ輸出している名古屋圏の空路のターミナルである中部国際空港は、ようやく2本目の滑走路の建設計画が決まったものの、現時点では夜間における滑走路の維持管理の問題もあり貨物の輸送に十分活用できておらず、名古屋圏の基幹産業が自動車から航空機関連に移行するためには産業インフラとしての空港の整備を急ぐ必要がある。

## 4. 大阪圏における人口移動の状況と対策について

　大阪圏は、上述のように女性は転入超過に転じており、次世代の出生数への連鎖の不安は名古屋圏に比べると少ない。大都市圏の中心である大阪府は「プラチナえるぼし」では東京都に比べて劣っており愛知県と大差がないものの、「ジェンダーギャップ指数」においては愛知県よりもかなり改善が進んでいる。しかし、伝統的に国際競争力を有していた家電などの比較優位が中国などに奪われていることもあり、名古屋圏と同様に新たな産業の育成を進める必要がある（例えば日本経済新聞、2024.5.19）。

　大阪市内では、梅田の貨物駅跡地に開発されたグランフロント大阪、大阪中央郵便局跡地のJPタワー大阪、大阪三菱ビル跡地に建設された大阪堂島浜タワーなど、中心部の再開発が話題となることが多いが、例えば、グラン

フロントに設けられた産学官の交流拠点「ナレッジキャピタル（KC）」による新規事業の萌芽などについては具体例もあまり紹介されず、新規産業の育成への効果が明確ではない（例えば日本経済新聞、2023.12.18）。また、図6.11に示した大学発スタートアップ数においても、大阪府や京都府は、愛知県より多いとはいえ、東京都の20％前後にとどまっており、次世代の新規産業の育成が急がれる。

　こうした中で、タワーマンションの規制強化など、独自の都市政策を積極的に実施している神戸市の事例をここでは紹介する。

　神戸市は2023年に人口が150万人を下回った。女性労働力率が20政令指定都市の中でも18位と低いほか、ジェンダーギャップ指数では、兵庫県が政治14位、経済34位となっており、女性の就労に関連する経済の分野が愛知県よりも弱い（地域からジェンダー平等研究会、2024）。この理由としては、名古屋圏と同様に、神戸市の産業構造が伝統的に鉄鋼や造船などの重工業を中心としており男性中心の労働環境だったため、地元の女性は大学卒業時に他都市へ転出する傾向が強いと言われている（朝日新聞、2023.10.13;2024.8.5a）。

　一方で、神戸市は「Life-Tech KOBE」と呼ぶスタートアップへの支援事業を積極的に行っており、資金援助や人的支援も含めた様々な活動を行っている（Life-Tech KOBE, HP）。例えば、2023年10月にはマイクロソフトおよび川崎重工業と連携し、世界で6カ所目となる Microsoft AI Co-Innovation Lab を開設した。同施設は、顧客としての地元企業に対し、ビジネスにおける AI の活用方策を提案する組織であり、今後の産業発展に大きな効果を与えることが期待されている。また、1995年1月に発生した阪神・淡路大震災の復興事業として始まった「神戸医療産業都市構想」により、ポートアイランドに先端医療技術の研究開発拠点を整備し、21世紀の成長産業である医療関連産業の集積を図るなど、ライフサイエンス分野の育成にも注力しており、大阪圏における新たな産業創出の先行事例と考えられる（神戸医療産業都市、HP）。ちなみに、ライフサイエンスは第5章で紹介したように鉄鋼業の衰退したアメリカのピッツバーグでも都市再生の核として機能しており、図6.3が示すように東京圏への人口流出の多い兵庫県の今後の基幹

産業として期待される。

　また、神戸市の特筆すべき政策の一つが、タワーマンションの規制である。2020年から、神戸市はJR三ノ宮駅南側の一帯22.6 haで住宅の新設を禁止、その周辺の市街地292 haで容積率400%以上の住宅を規制した。これにより、実質的に市中心部ではタワーマンションの新規建築が不可能となった（朝日新聞、2024.8.5b）。神戸市は規制の理由として、将来のタワーマンションの老朽化に伴う修繕費が高額で、居住者の合意形成が容易でないため、解体も困難となる恐れが高いことを挙げている。また、その前提として今後の人口減少を想定しており、タワーマンションにより周縁部の過疎化が一層進むことへの危惧もある。

　東京23区、大阪市、名古屋市などでは、本来住宅の立地を前提としていない準工業地域や工業地域の工場跡地などでタワーマンションの建設が進み、学校や病院の建設ができない工業地域では、タワーマンションに住む児童・学生が近隣の準工業地域の学校へ通学せざるを得ない状況が問題となっている。2005〜2020年の人口の伸び率で見ると、東京23区では住居系10.9%、商業系21.2%、工業系17.1%、大阪市では住居系−2.0%、商業系21.5%、工業系6.8%、名古屋市では住居系3.5%、商業系13.1%、工業系3.9%と、工業系だけでなく商業系の居住人口も増加しており、用途地域本来の目的とは反する結果となっている（日本経済新聞、2024.8.5）。したがって、規制の趣旨は、住宅と工場の混在の回避というわけではないが、タワーマンションに関する神戸市の先駆的な取り組みは他の大都市にも参考になると考えられる[1]。

## 5. 結論と今後の課題

　21世紀に入り、わが国では国民の過半数が三大都市圏に居住するようにな

---

1）NHK取材班（2024）は日本の都市における再開発の現状や問題点を各地で取材しており、神戸市の政策も特筆している。

ったが、さらに名古屋圏や大阪圏が衰退しつつあり、東京圏への一極集中が加速している。東京一極集中の是正は、戦後の国土計画において早い時期から解決すべき課題として取り上げられてきたが、抜本的な解決策のないまま現在に至っている。例えば、一時議論された首都移転計画も、文化庁の一部を京都へ移転して終了しており、中央官庁の移転による企業の本社機能の分散の誘導にはあまり効果が期待できない。

　本章では、名古屋圏と大阪圏の具体的な問題点と今後の課題をまとめたが、上述のような国家レベルの国土計画がたびたび地方分散を謳いながら、結果的にその効果が有意でなかったことを考慮すると、むしろ今後は地元の問題意識をより高めることが重要であると考える。特に両大都市圏の最大の課題は、近年の比較優位の変化による急激な産業構造の変化であり、関連する企業だけでなく地元の自治体や財界が問題意識を共有し対応策を協議するなど、自らの問題として取り組むことが必須である。この点で、前節で紹介した神戸市の取り組みは、まだ成果が明確には見えないものの、地元の再生に向けた創造的な発想が多く、他の自治体でも参考になると思われる。

　最後に、わが国では発生確率が高いと想定される首都直下型の大地震への備えとしても、これ以上の東京一極集中は抑制すべきものと考えられる。大地震については、20世紀に警告が発せられた東海地震だけでなく、現在最も注意が呼び掛けられている南海トラフ地震についても、過去のサンプル数がきわめて少なく、統計学的な予測手法には問題もある。しかし、それ以外の対処が難しいということも事実なので、ここでは例として最近の全国地震動予測地図を図6.13に示す（今後30年間に震度6弱以上の揺れに見舞われる平均的な確率分布。ここでは、震源として主要活断層帯を仮定し、防災科学技術研究所が作成した2024年版を掲載した）。

　この図を見ても、四国から静岡にかけての南海トラフ地震の想定地域以上に、東京圏のリスク（首都直下型地震の再来リスク）が高いことがわかる。もちろん、2016年の熊本地震のような例もあり、大地震は発生確率の高い地域から順番に起こるわけではないが、上述のような人口、経済活動の東京圏への一極集中は、地震をはじめとする大規模な自然災害に見舞われたときに、わが国のリスクをきわめて高いものとすることは自明であろう。換言すれば、

**図6.13　全国地震動予測地図2024年版**

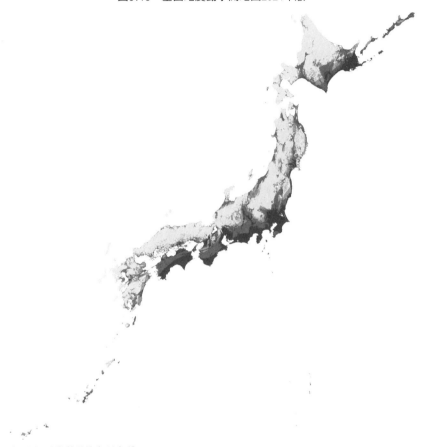

（出典）防災科学技術研究所

わが国がレジリエンスの高い国家としての存続を目指すためには、これ以上の一極集中は防ぐことが必須と考えられる。

## 補論

# 都市的土地利用の理論

　ここでは、都市経済学における都市の住宅立地と地代の関係について、ア
ロンゾのモデルに基づき簡単に紹介する（Alonso, 1964）。図 A.1のように、
中心に CBD（Central Business District）が存在し、その周辺に円形状に住
宅地が広がっている都市を想定する。

　家計は下記のような効用 $U$ を最大化するように、自らの予算制約の下で、
自宅の位置（都心からの距離：$d$）と宅地の広さ（$T$）を選択する。

$$\max_{z,\ T(d)} U(z,\ T) \qquad subject\ to \qquad y - m \cdot d = z + R(d) \cdot T \qquad \text{(A.1)}$$

　ここで、$y$ は予算（円）、$z$ は合成財の消費量（円）、$T$ は宅地の広さ（m$^2$）、
$m$ は距離あたり通勤費（円 /km）、$d$ は都心からの距離（km）、$R(d)$ は地点
$d$ の市場地代（円 / m$^2$）。

　なお、ここではひとまず、下記のような仮定を置くが、それぞれの仮定を
緩和した場合については後述する。

　仮定①：各家計から 1 人が CBD へ通勤
　仮定②：通勤以外の交通は考慮しない
　仮定③：公共サービス、税、環境質（空気、水など）は一定
　仮定④：すべての家計は所得と選好、家族数に関して均質
　仮定⑤：通勤の時間費用は考慮しない

　さらに、チューネンの付け値地代を応用すれば、式（A.1）に基づき、目
標とする効用を $u$ としたとき、家計の付け値地代は式（A.2）のように表現
できる。

図 A.1 アロンゾ・モデルの想定

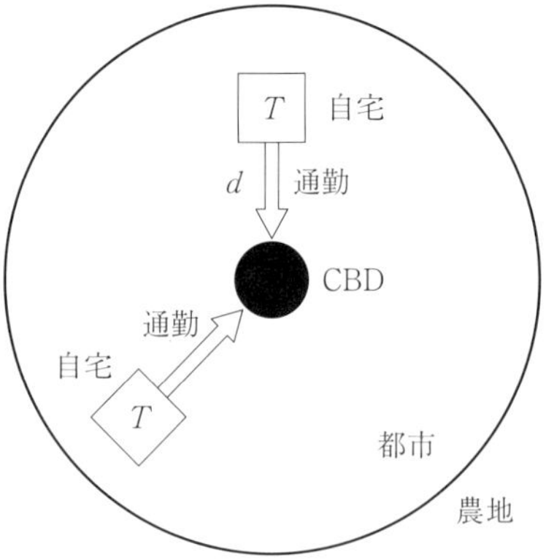

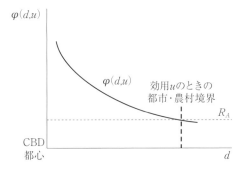

図 A.2 付け値地代

$$\varphi(d, u) = \max_{z, T} \frac{y - m \cdot d - z}{T} \quad \text{subject to} \quad U(z, T) = u \quad (A.2)$$

　CBD からの距離 $d$ を横軸に取れば、この付け値地代は図 A.2 のようになる。同図で、家計の住宅地に対する付け値地代は CBD からの距離が増えるに従って通勤費が増加するので、同じ効用水準を維持するために低下するが、都市周辺の農地の地代（農業地代）を $R_A$ とすれば、付け値地代が農業地代と一致する地点までが都市（住宅地）となる。

　次に、式（A.2）によって最大化された付け値地代を一般化すると下記のようになる（解となる $z$ と $T$ をあらかじめ前提とする）。

$$\varphi(d, u) = \frac{y - m \cdot d - z}{T} \tag{A.3}$$

式（A.3）を CBD からの距離 $d$ で微分すれば、式（A.4）が得られる。

$$\frac{\partial \varphi(d, u)}{\partial d} = -\frac{m}{T(d, u)} \tag{A.4}$$

あるいは移項して

$$-\frac{\partial \varphi(d, u)}{\partial d} \cdot T(d, u) = m \tag{A.5}$$

　式（A.5）は Muth の条件と呼ばれるが、ある地点（$d$）から少し郊外へ移動したとき、左辺の地代の節約分が、右辺の通勤費の増加分と均衡することを意味している（移動による限界便益＝限界費用）。
　ここで、上述の仮定を緩和した場合の影響を下記にまとめる。

仮定①：各家計から 1 人が CBD へ通勤
　例えば、通勤者が 2 人であれば、式（A.4）の右辺で $m$ が $2m$ となり、式（A.4）の左辺である付け値地代の郊外への傾きが急になるため、通勤者の多い家計はより CBD に近い住宅地を選択する（ここでは、通勤者数による所得への影響は考慮しない）。
仮定②：通勤以外の交通は考慮しない
　日常の生活用品などを購入する物販店は空間的競争により、郊外部でも概ね一定の密度で存在するので影響しない。公立の小中学校なども同様。CBD に存在する百貨店での買い物交通や高校、大学などへの通学は、その交通費を $m$ に追加すれば良い。
仮定③：公共サービス、税、環境質（空気、水など）は一定
　例えば、学区制により同じ公立高校でも地区により質が異なる場合は、高校の質の高い地区の地代がより高くなる。また、犯罪発生率の高い地区や大気汚染のある地区は地代が低下する。
仮定④：すべての家計は所得と選好、家族数に関して均質

142　補論　都市的土地利用の理論

### 図 A.3　所得による住み分け

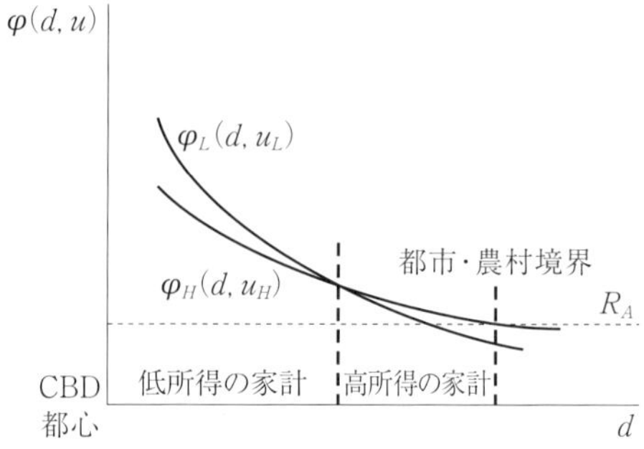

　家族数が多い家計は、より広い敷地を好むので、式（A.4）の右辺あるいは式（A.5）の左辺の $T(d, u)$ が大きくなり、付け値地代の郊外への傾きが緩やかになる。このため相対的に郊外部に立地する。

　また、同様に、土地は一般に上級財（正常財）であり、所得が高いほど $T(d, u)$ が大きくなるため、より郊外部に立地する。所得の高い家計の付け値地代を $\varphi_H(d, u_H)$、所得の低い家計の付け値地代を $\varphi_L(d, u_L)$ とした例を図 A.3に示す。

仮定⑤：通勤の時間費用は考慮しない

　理論的には通勤時間に時給を掛けたものを加えて「一般化費用」とすれば良い。ただし、通勤時に読書などをすることは可能なので、費用便益分析などの実証研究では時給の3分の1～2分の1で換算される。


　特に、仮定④に関する例で記したように、市場メカニズムによれば、所得の高い家計は郊外に居住し、所得の低い家計は都心部に居住することがわかる。地価の高い都心部に低所得層が居住し、相対的に地価の低い郊外に高所得層が居住すること自体が市場の歪みであると解釈されることもしばしばあるが、理論的には上述の通り説明が可能であり、歪みによる逆転現象ではない。

　ヨーロッパや日本のような封建制度の時代を経た国の都市では、かつて所得が高い家計ほど都心の土地を配分されていたため、その影響が現在も残っ

図 A.4　ロサンゼルス市の所得分布（世帯所得中央値、2022年）

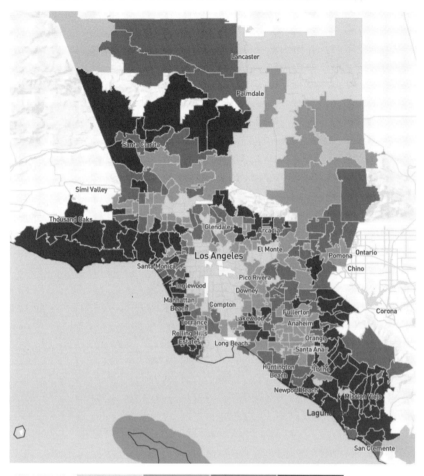

4,016 ドル〜　　49,200 ドル〜　71,200 ドル〜　93,500 ドル〜　119,700 ドル〜

（出典）https://map.aidsvu.org/hhincome/zip/median/none/none/usa?geoContext=national

ているが、移民によって開発された都市が多いアメリカの場合、このような市場理論に従った所得による住み分けが観察される。例えば、ロサンゼルスの地区別の（中央値による）所得分布を図 A.4 に示す。この事例では、上述の理論通り、高所得層はほぼ郊外に居住し、中心部は低所得層が多いことが

図 A.5 ニューヨーク市の所得分布（世帯所得中央値、2022年）

4,016ドル～　49,200ドル～　71,200ドル～　93,500ドル～　119,700ドル～

（出典）https://map.aidsvu.org/hhincome/zip/median/none/none/usa?geoContext=national

わかる。

　ただし、第2章で述べたように、同じアメリカの都市でも、図 A.5に示す通り、ニューヨークの場合はパターンが異なる。ソーホーなどのジェントリフィケーションの影響も見られるが、以前から、ウォールストリートに代表されるマンハッタン南端のフィナンシャル・ディストリクトの金融機関の重役などは、時給がきわめて高いので、仮定⑤の時間費用も考慮すれば都心に

住む利点が大きい。ただし、地理的にはより近いとはいえ、従来工場街であったソーホーやチャイナタウンではなく、セントラルパーク東側のパーク街付近の高級マンションに居住することが多く、ロサンゼルスのような所得分布とは異なっている（最近は、ブルックリンの西部も住民の所得が高くなっており、ジェントリフィケーションの代表例となっている）。

　さらに、アメリカでも20世紀後半から女性の労働参加率が上昇しており、その影響も指摘されている。Alonso-Muth モデルを応用すると、同じ家計の中で都心への通勤者が増えれば、家計としては通勤費用の増加となり、郊外より都心の住宅が有利となる。また、一時、日本でも話題になったDINKS（Double Income No Kids）の場合は夫婦だけなので、広い住宅や庭も必要とされないため、都心のアパートやマンションが好まれる。

## おわりに

　第1章で述べたように、世界的にも多くの人々が都市に居住するようになったが、都市を形成する構造物が時間と共に劣化するだけでなく、都市の経済的な基盤となる産業も国や地域の主要な産業の成長や衰退に伴って大きく変動する。その影響により、アメリカのように世界各国からの移民が混住しており人種による所得格差も大きい場合は、都市の衰退や再生を巡る議論もより複雑化する。本書では、都市形成に歴史的な経緯が比較的影響しているヨーロッパの事例や、アメリカほどには都市の衰退が顕著ではないが、近年一極集中が加速しつつあるわが国の例も含めて、都市の衰退と再生を巡る様々な事例を紹介した。

　特に、第2章で紹介したニューヨーク市における衰退と再生の事例は、行政による再開発と住民による再生という二元論的な事例である。しかし、近年のエンパワーメント・ゾーン・プログラムの影響も含めて、公共部門による再開発や補助政策にせよ、ジェイコブズ的な地区保全にせよ、それが成功した場合は、不動産や商業系の市場の働きによって住宅費をはじめとする生活費が上昇することにより、結局、所得の低い層から転出せざるを得なくなり、本質的な「保全」は失敗に終わったことを確認した。ズーキン的な表現を援用すれば、街のオーセンティシティは長期的には維持できない性質を有するということである。

　再生の過程では、このような「ジェントリフィケーション」が問題視され、社会的な害悪であるかのような主張もしばしば見られる。特に最近はKrase and DeSena（2020）が紹介しているように、先進国だけでなく発展途上国でも同様の事例が観察されることがあり、ジェントリフィケーションへの問題意識はより高まっていると言えよう。ジェントリフィケーションへの具体的対応策としてGørrild, et al.（2008）が紹介している事例では、ニューヨーク市クイーンズのジャマイカ地区の指導者であり下院議員も務めた牧師が、

住宅を持ち家として保有するように住民に勧める方法を取った。彼から見れば、ハーレムにおいても地域が衰退し不動産価格が低下していた時期に、比較的所得の低い住民にも住宅を購入する機会があったにもかかわらず、ハーレムの政治家や指導者がそれを勧めなかったのが間違いであったということである。第3章で紹介したトリノの事例でも、比較的所得の低いサン・サルヴォリオ地区は歴史的な経緯があるとはいえ、アパートの2階以上の住宅の持ち家比率が高いことが、結果的にジェントリフィケーションの悪影響を抑制している。もちろん、一般に不景気の時期には不動産価格は下落するが、それ以上に低所得層の収入はダメージを受けるので、簡単に住宅の購入が可能になるとは思えないものの、ジャマイカ地区では一定の成功を収めたとのことである。これらの事例は、可能であれば、不動産の賃貸よりも購入がジェントリフィケーションの持つ一種の「リスク」への対処法となることを示唆している。もっとも、株式の購入と同様に、逆に資産価値の変動のリスクを受け入れることになるので、一般論として正しい対応とは言えない可能性がある。

　一般に、ジェントリフィケーションを論じた著作では、賃貸料の上昇で移転を迫られた住民への聞き取り調査を行った例が多く、その影響も含めて住民への同情が主張の根幹となっていることが多い。しかしながら、ジェントリフィケーション自体が「社会的悪」であるとするならば、逆に、スラム化して殺人事件も多発する衰退地区をそのまま放置して良いのかという疑問に答えることができない[1]。もちろん、他の多くの国にも日々の生活費も十分保有しないホームレスのような人々は存在するが、アメリカにおける都市問題の根幹にある最大の問題は、依然として所得格差が大きいことである。

　例えば、G7各国のジニ係数は、図F.1に示す通り、アメリカが突出してい

---

1）第5章で紹介したデトロイトでは、未だに空き家の多い一角にギャングが点在し、頻繁に殺人事件が起こっている（YouTubeにも関連の情報が多数掲載されている）。また、マラック（2020）はデズモンド（2023）が紹介しているような借家からの住民の追い出しなどの事例はジェントリフィケーションと混同すべきではないとしている（原書の刊行年はデズモンドが2016年、マラックが2018年）。

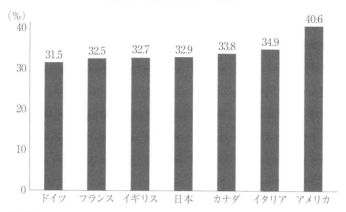

図 F.1　G7各国のジニ係数

（出典）World Bank, 2013

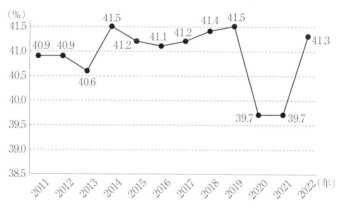

図 F.2　アメリカのジニ係数の推移

（出典）World Bank

ると言えよう[2]。

　また、アメリカのジニ係数の経年変化を図 F.2 に示す。多少の変動はある

---

2）World Bank の資料では、最新の日本のジニ係数が2013年しかないので、この年での比較とした。

ものの40%（0.4）前後で継続している。民主党が政権を握った時期には所得格差の是正が謳われることが多いが、実質的に格差は固定化している。第1章で述べたように、最近は中間層が減少しており、高所得層と低所得層への二局化が今後も進めば居住環境を含む都市問題はさらに深刻化すると予想される。同時に第2章の図2.1に示した通り、アメリカの場合、人種と所得の相関も高いため、経済的に選択される居住地の分断も一層起こりやすくなると思われる。

　理論経済学における厚生経済学の第2定理に従えば、所得格差を解消するためには、住宅のような財（現物）の支給ではなく、金銭による課税と補助金の支給による再分配がパレート効率的な資源配分にとって好ましいとされている。したがって、本来は累進課税を強化するなど、本質的な所得格差の是正がジェントリフィケーションをはじめとする都市問題の解決策としては有効な政策であり、一時的な賃貸料の規制などは不動産市場の基本的機能を阻害するため永続性が期待できない。

　もちろん、最近下院の多数派を維持している共和党の基本方針が「レッセフェール」であることも影響しているが、第4章で紹介したように、アメリカの場合は各州に税制の裁量権が付与されており、中央政府の税制改革がどの程度の効果を持つかは不明である。

　同様に、第4章で取り上げたシリコンバレーのように、逆に高所得層が集住すると市場の調整機能によって不動産価格は極端に上昇し、低所得者だけでなく、高所得者自身の生活環境も圧迫される。したがって、例えば累進性の強化によってシリコンバレーのITエンジニアなどの実質所得が低下すれば、不動産価格もある程度は低下することが予想されるので、結果的に「ワーキング・ホームレス」といった皮肉な現象も解決できるかもしれない。

　また、第1章で紹介したフィルタリング理論は、一般的に当てはまる事例も多いが、ニューヨークのパーク街やトリノのクロチェッタ地区のように長期にわたって安定している地区もある。同様に、第2章で紹介したニューヨークのグリニッジ・ビレッジのように「ヤッピーの住処」となって固定化している事例もある。そのような都心が再度、衰退と再生を繰り返すかどうかは、今後とも継続的な観察が必要と思われる。上述のように、ジェントリフ

ィケーションが低所得層に与える負の影響の緩和策としては所得格差の縮小が基本であるが、世界各地で生起している実例を追跡し、そのメカニズムについても演繹的に再考を重ねていく必要があると考えられる。

　最後に、先進国では人口減少に悩む国が多いが、わが国の場合はさらに従来の製造業をはじめとする産業構造の変革期を迎え、その影響もある中での東京圏への人口集中が与える影響は大きいものとなると思われる。第6章にも記したが、予期できない自然災害も頻発する日本の場合、国家全体のレジリエンスを前提に改めてそれぞれの都市や地域のあり方を検討する必要があろう。

# 参考文献

## 英文

Adams, Carolyn, The Meds and Eds in Urban Economic Development, *Journal of Urban Affairs*, 25(5), 571–588, 2003.

Alkon, Alison Hope, Yuki Kato, and Joshua Sbicca ed., *A Recipe for Gentrification: Food, Power, and Resistance in the City*, New York University Press, 2020.

Alonso, William, *Location and Land Use*, Harvard University Press, 1964.

Bartik, Timothy J. and George Erickcek, The Local Economic Impact of "Eds & Meds": How Policies to Expand Universities and Hospitals Affect Metropolitan Economies, *Metro Economy Series for the Metropolitan Policy Program at Brookings*, 2008.

Brown-Saracino, Japonica, ed., *The Gentrification Debates*, Routledge, 2010.

Burgess, Ernest W., The Growth of the City: An Introduction to a Research Project, Robert E. Park et al. eds., *The City*, 47–155, The University of Chicago Press, 1925.

Busso, Matias, Jesse Gregory, and Patrick Kline, Assessing the Incidence and Efficiency of a Prominent Place Based Policy, *American Economic Review*, 103 (2), 897–947, 2013.

Cahill, Kevin, *Who Owns Britain*, Canongate Books, 2001.

Fainstein, Susan S. and Norman Fainstein, New York City: The Manhattan Business District, 1945–1988, Gregory D. Squires ed., *Unequal Partnerships: The Political Economy of Urban Redevelopment in Postwar America*, 59–79, Rutgers University Press, 1989.

Fujita, Masahisa, *Urban Economic Theory*, Cambridge University Press, 1989.

Gale, Dennis E., *The Misunderstood History of Gentrification: People, Planning, Preservation, and Urban Renewal, 1915–2020*, Temple University Press, 2021.

Glass, Ruth, Introduction: Aspects of Change, Centre for Urban Studies ed., *London: Aspects of Change*, MacKibbon and Kee, 1964.

Hamnett, Chris, Gentrification and the Middle-class Remaking of Inner London, 1961-2001, *Urban Studies*, 40 (12), 2401-2426, 2003.

Krase, Jerome and Judith N. DeSena eds., *Gentrification around the World*, vol. 1 and vol. 2, Palgrave Macmillan, 2020.

Kuroda, Tatsuaki, The Henry George Theorem, Capitalization Hypothesis, and Interregional Equalization: A Synthesis, *Papers in Regional Science*, 73 (1), 41-53, 1994.

Lees, Loretta, Super-gentrification: The Case of Brooklyn Heights, New York City, *Urban Studies*, 40 (12), 2487-2509, 2003.

Lees, Loretta, Tom Slater, and Elvin Wyly, *Gentrification*, Routledge, 2008.

Lees, Loretta, Hyun Bang Shin, and Ernesto López-Morales eds., *Global Gentrifications: Uneven Development and Displacement*, Policy Press, 2015.

Muschamp, Herbert, *Hearts of the City: The Selected Writings of Herbert Muschamp*, Knopf, 2009.

Nie, Xuanyi, Transforming Urban Economy with 'Eds and Meds': Inspirations from the Texas Medical Center (TMC), *Urban and Regional Planning*, 4 (4), 136-143, 2019.

Osman, Suleiman, *The Invention of Brownstone Brooklyn*, Oxford University Press, 2011.

Parrillo, Adam John and Mark de Socio, Universities and Hospitals as Agents of Economic Stability and Growth in Small Cities: A Comparative Analysis, *The Industrial Geographer*, 11, 1-28, 2014.

Scott, Robert E. and Zane Mokhiber, *Growing China Trade Deficit Cost 3.7 Million American Jobs between 2001 and 2018*, Economic Policy Institute, 2020.

Smith, Neil, Toward a Theory of Gentrification A Back to the City Movement by Capital, not People, *Journal of the American Planning Association*, 45 (4), 538-548, 1979.

Winant, Gabriel, *The Next Shift: The Fall of Industry and the Rise of Health Care in Rust Belt America*, Harvard University Press, 2021.


## 和文

朝日新聞、神戸市150万人割る　今後、人口増「ほとんどない」、2023.10.13.

朝日新聞、人口流出　問われる神戸、2024.8.5a.

朝日新聞、タワマンやめた　神戸の選択、2024.8.5b.

天野馨南子、2021年／2000年　都道府県の「赤ちゃん数維持力」：圧倒的維持力の東京都・女性移動が生み出すエリア人口の未来、ニッセイ基礎研究所、2023.
https://www.nli-research.co.jp/report/detail/id=74061?site=nli

飯塚真紀子、9・11の標的をつくった男：天才と差別—建築家ミノル・ヤマサキの生涯、講談社、2010.

犬丸淳、自治体破綻の財政学：米国デトロイトの経験と日本への教訓、日本経済評論社、2017.

NHK取材班、人口減少時代の再開発：「沈む街」と「浮かぶ街」、NHK出版、2024.

太田耕史郎、ラストベルト都市の産業と産業政策：地方都市復活への教訓、勁草書房、2019.

小野正人、アメリカ西海岸における新興企業投資組織の形成：1960年代までの投資組織に関する考察、城西大学経営学部紀要、9、31-57、2013.

金倉忠之、大都市の経済ベースと都市空間利用、東京市政調査会編「大都市問題への挑戦：東京とニューヨーク」、85-116、日本評論社、1992.

君塚直隆、教養としてのイギリス貴族入門、新潮社、2024.

グレイザー．エドワード、山形浩生訳、都市は人類最高の発明である、NTT出版、2012.

黒田達朗、文化を購うもの：コスモポリス＝ロンドンに住んで、KWAN（名古屋大学環境学研究科）、5、3-17、2003.
https://www.env.nagoya-u.ac.jp/kwan/pdf/kwan005.pdf

黒田達朗、広域都市圏計画の必要性：アメリカの事例を参考にして（日交研シリーズ B-171）、2016.

黒田達朗、多文化共生と都市政策のあり方に関する研究：米国の事例を参考に（日交研シリーズ A-804）、2021a.

黒田達朗、ジェントリフィケーションの類型と都市政策に関する研究（日交研シリーズ A-833）、2021b.

黒田達朗、産業構造の変化と地域格差の変容：近年の米国を事例として（日交研シリーズ A-858）、2022.

黒田達朗、米国の企業立地における地方政府の政策的影響に関する実証研究（日交研シリーズ A-884）、2023.

黒田達朗、人口減少化における東京一極集中の再検討（日交研シリーズ A-904）、2024.

コトキン，ジョエル、寺下滝郎訳、新しい封建制がやってくる：グローバル中流階級への警告、東洋経済新報社、2023.

小長谷一之、都市経済再生のまちづくり、古今書院、2005.

佐藤学、米国型自治の行方：ピッツバーグ都市圏自治体破綻の研究、敬文堂、2009.

ジェイコブズ，ジェイン、山形浩生訳、新版　アメリカ大都市の死と生、鹿島出版会、2010.（黒川紀章訳、アメリカ大都市の死と生、鹿島出版会、1977.）

人口戦略会議、令和6年・地方自治体「持続可能性」分析レポート：新たな地域別将来推計人口から分かる自治体の実情と課題、2024.
https://www.hit-north.or.jp/cms/wp-content/uploads/2024/04/01_report-1.pdf

ズーキン，シャロン、内田奈芳美・真野洋介訳、都市はなぜ魂を失ったか：ジェイコブズ後のニューヨーク論、講談社、2013.

スグルー，トマス・J.、川島正樹訳、アメリカの都市危機と「アンダークラス」：自動車都市デトロイトの戦後史、明石書店、2002.

スミス，ニール、原口剛訳、ジェントリフィケーションと報復都市：新たなる都市のフロンティア、ミネルヴァ書房、2014.

総務省統計局、住民基本台帳人口移動報告　2023年結果　結果の概要、2024.
https://www.stat.go.jp/data/idou/2023np/jissu/pdf/gaiyou.pdf

田口芳明、米国におけるサバーバニゼーションと中心都市問題、吉岡健次・山崎春成編「現代大都市の構造」、81-126、東京大学出版会、1978.

田口芳朗、世界都市ニューヨークの経済活力とその源泉、大阪市立大学経済研究所編、「世界の大都市4　ニューヨーク」、85-113、東京大学出版会、1987.

武井寛、アメリカ合衆国における制限的不動産約款の廃止：1948年「シェリー対クレーマー」判決の影響、大原社会問題研究所雑誌、761、21-35、2022.

田中めぐみ、サスティナブルシティ　ニューヨーク：持続可能な社会へ、繊研新聞社、2013.

千葉銀行ロンドン支店、 2012年ロンドンオリンピックとその後の都市開発、EUインサイト、2019年2月号、2019.
https://www.chibabank.co.jp/hojin/other_service/market/pdf/eu_1902.pdf

デズモンド，マシュー、栗木さつき訳、家を失う人々（EVICTED）：最貧困地区で生活した社会学者、1年余の記録、月と海社、2023.

テミン，ピーター、栗林寛幸訳、なぜ中間層は没落したのか：アメリカ二重経済の
　　ジレンマ、慶應義塾大学出版会、2020.

内閣官房　新しい資本主義実現本部事務局、スタートアップに関する基礎資料集、
　　2022.
　　https://www.cas.go.jp/jp/seisaku/atarashii_sihonsyugi/bunkakai/suikusei_
　　dai1/siryou3.pdf

長野弘子、シリコンアレーの急成長企業：ニューヨーク発！　ネットビジネス最前
　　線、インプレス、2000.

成田孝三、インナーシティの衰退と住宅市場の二重性：シカゴの事例を中心として、
　　吉岡健次・山﨑春成編「現代大都市の構造」、127-170、東京大学出版会、
　　1978.

成田孝三、ニューヨークの発展と地域分化、大阪市立大学経済研究所編、「世界の
　　大都市4　ニューヨーク」、37-84、東京大学出版会、1987a.

成田孝三、大都市衰退地区の再生、大明堂、1987b.

日本経済新聞、大阪の顔「グランフロント」、2万人働く街に　開業10年、
　　2023.12.18.

日本経済新聞、トヨタのキャリア採用　ソフト人材が3割超え、2024.3.20.

日本経済新聞、トヨタの新東京本社、品川に29年度開業　京急の土地取得、
　　2024.3.22.

日本経済新聞、国産旅客機開発、再挑戦の成算あるか　MSJ撤退1年、2024.3.27.

日本経済新聞、ギガキャスト革命（上）、トヨタ、ライン作業者半減、2024.5.2.

日本経済新聞、シャープ液晶、遅すぎた撤退、2024.5.19.

日本経済新聞、三菱重工、経産省の旅客機新構想に踊らず　型式証明の壁、
　　2024.6.26.

日本経済新聞、出生率「東京0.99」作るカラクリ　独身女性流入が押し下げ、
　　2024.7.20.

日本経済新聞、名古屋の新興拠点、都市間競争で先手　トヨタなど参画へ、
　　2024.7.24.

日本経済新聞、ステーションAiにNUS系施設　新興の海外進出に弾み、
　　2024.8.2.

日本経済新聞、都市人口の2割、工業系地域に、2024.8.5.

ニューマン，オスカー、湯川利和・湯川聡子訳、まもりやすい住空間：都市設計に
　　よる犯罪防止、鹿島出版会、1976.

野村総合研究所、地域の自主性・主体性を生かした国の支援・特例のあり方に関する調査　報告書、国土交通省、2003.
　　https://www.mlit.go.jp/kokudokeikaku/suishinchousa/pdf/h14/00jishusei-shutaisei(tokucho)/02shiryo/011hyoushi.pdf

ハワード，エベネザー、山形浩生訳、明日の田園都市、鹿島出版会、2016.

樋口忠成、ラストベルトの最大都市デトロイト：大都市圏の人口分布と人種構成の変化、ジオグラフィカ千里、1、219-234、2019.

百嶋徹、アフターコロナを見据えた働き方とオフィス戦略の在り方：メインオフィスと働く環境の選択の自由の重要性を「原理原則」に、ニッセイ基礎研所報65、109-128、2021.

ファイファー，ブルース・ブルックス、ロバート・ヴォトヴィッツ、富岡義人訳、ライト＝マンフォード往復書簡　1926-1959、鹿島出版会、2005.

藤塚吉浩、ジェントリフィケーション、古今書院、2017.

フリント，アンソニー、渡邉泰彦訳、ジェイコブズ対モーゼス：ニューヨーク都市計画をめぐる闘い、鹿島出版会、2011.

フロリダ，リチャード、小長谷一之訳、クリエイティブ都市経済論：地域活性化の条件、日本評論社、2010.

ホール，ピーター、佐々木雅幸監訳、都市と文明：文化・技術革新・都市秩序3、藤原書店、2022.

ボルゾーニ，マグダ、旅行者が無視しているもの：地区（サン・サルヴォリオ）の変容をめぐる愛憎、衝突、そして折り合い、脱工業化社会研究会編著、「トリノの奇跡：「縮小都市」の産業構造転換と再生」、第9章、藤原書店、2017.

マメン，デイビッド、都心部の住宅・コミュニティ開発、東京市政調査会編「大都市問題への挑戦：東京とニューヨーク」、69-84、日本評論社、1992.

マラック，アラン、山納洋訳、分断された都市：再生するアメリカ都市の光と影、学芸出版社、2020.

マンフォード，ルイス、中村純男訳、現代都市の展望、鹿島出版会、1973.

ミラー，マービン、蓑原敬訳、レッチワース：田園都市の100年、家とまちなみ、45、25-34、2002.

森千香子、ブルックリン化する世界：ジェントリフィケーションを問いなおす、東京大学出版会、2023.

モレッティ，エンリコ、池村千秋訳、年収は「住むところ」で決まる：雇用とイノベーションの都市経済学、プレジデント社、2014.

矢作弘、ジェントリフィケーションを考える：都市再編過程にあるトリノを事例に、脱工業化社会研究会編著、「トリノの奇跡：「縮小都市」の産業構造転換と再生」、第8章、藤原書店、2017.

矢作弘、都市危機のアメリカ：凋落と再生の現場を歩く、岩波書店、2020.

山縣宏之、米国ラストベルトにおける地域経済再編・産業政策の限界：ミシガン州を事例に、立教経済学研究、75（1）、33-59、2021.

山崎満広、ポートランド：世界で一番住みたい街をつくる、学芸出版社、2016.

横田茂、巨大都市の危機と再生：ニューヨーク市財政の軌跡、有斐閣、2008.

リンチ，ケヴィン、丹下健三・富田玲子訳、都市のイメージ（新装版）、岩波書店、2007.

渡邉泰彦、評伝　ロバート・モーゼス：世界都市ニューヨークの創造主、鹿島出版会、2018.


## Web 参考資料（英文）

Adams, Michael Henry, The End of Black Harlem, The New York Times, 2016.
https://www.nytimes.com/2016/05/29/opinion/sunday/the-end-of-black-harlem.html

Adams, Michael Henry, On Every Harlem Corner: Big Money and Bulldozers Threaten Black History, The Guardian, 2019.
https://www.theguardian.com/us-news/2019/jun/23/harlem-historic-churches-new-york-city-personal-essay

American Center for Mobility, 2023.
https://acmwillowrun.org/

Andes, Scott, Hidden in Plain Sight: The Oversized Impact of Downtown Universities, 2017.
https://www.brookings.edu/articles/hidden-in-plain-sight-the-oversized-impact-of-downtown-universities/

Andes, Scott, Mitch Horowitz, Ryan Helwig, and Bruce Katz, Capturing the Next Economy: Pittsburgh's Rise as a Global Innovation City, 2017.
https://www.brookings.edu/articles/capturing-the-next-economy-pittsburghs-rise-as-a-global-innovation-city/

Arakelian, Elizabeth, Black Residents Respond to the New Harlem.
http://projects.nyujournalism.org/voicesofharlem/

Autor, David, The Future of American Jobs: The Polarization of Job Opportunities in the U.S. Labor Market, 2010.

https://www.americanprogress.org/article/the-future-of-american-jobs/

Carmona, Tonantzin and Peter Rezk, Centering Racial Equity and Inclusion in Pittsburgh's Innovation Economy, 2023.

https://www.brookings.edu/articles/centering-racial-equity-and-inclusion-in-pittsburghs-innovation-economy/

Center for Urban Research, The Graduate Center, City University of New York (CUNY), New York City Demographic Shifts, 2000 to 2010.

http://www.urbanresearchmaps.org/plurality/

Chandler-Wilde, Helen, How London's Olympic Legacy Reshaped the Forgotten East End, 2024.

https://www.bloomberg.com/features/2024-london-olympic-legacy

Chatterji, Aaron K, The Bad News for Local Job Markets, The New York Times, 2013.

https://www.nytimes.com/2013/10/25/opinion/the-bad-news-for-local-job-markets.html

The City University of New York, Center for Urban Research, New York City demographic shifts, 2000 to 2010.

http://www.urbanresearchmaps.org/plurality/

Ernst & Young LLP (EY US) and Innovation Works, Investment in Pittsburgh's Technology Sector: Trends and Highlights: 2013–2022, 2023.

https://pub.ey.com/public/2023/2301/2301–4168808/pittsburgh-technology2022/index.html

Esri's StoryMaps Editorial Team, Mapping Incomes, 2023.

http://storymaps.esri.com/stories/2018/mapping-incomes/index.html

EY (Ernst & Young Global Limited), How a City Transformed from Bankruptcy to Renewal.

https://www.ey.com/en_jp/growth/how-a-city-transformed-from-bankruptcy-to-renewal

Florida, Richard, Where 'Eds and Meds' Industries Could Become a Liability, Bloomberg, 2013.

https://www.bloomberg.com/news/articles/2013–11–26/where-eds-and-medsindustries-could-become-a-liability

Frey, William H., New 2020 Census Data Shows an Aging America and Wide Racial Gaps between Generations, 2023.
https://www.brookings.edu/articles/new-2020-census-data-shows-an-aging-america-and-wide-racial-gaps-between-generations/

Gauthier, J. F., Marc Penzel, Pranav Arya, and Ethan Webster, Advancing Greater Detroit's Startup Ecosystem, Startup Genome, 2023.
https://startupgenome.com/reports/advancing-greater-detroit-growing-startup-ecosystem

Goh, Amanda, The New York City affordable-housing lottery receives 3.5 million applications each year. These are 6 of the people who won, Business Insider, 2024.
https://www.businessinsider.com/winning-new-york-city-affordable-housing-lottery-millions-application-2024-12

Gørrild, Marie, Sharon Obialo, and Nienke Venema, Gentrification and Displacement in Harlem: How the Harlem Community Lost Its Voice en Route to Progress, Human in Action, 2008.
https://www.humanityinaction.org/knowledge_detail/gentrification-and-displacement-in-harlem-how-the-harlem-community-lost-its-voice-en-route-to-progress/

Hebel, Sara and Scott Smallwood, A Threat to a City's 'Eds and Meds' Renaissance?, 2022.
https://www.opencampusmedia.org/2022/07/08/a-threat-to-a-citys-eds-and-meds-renaissance/

Holder, Sarah, One City's Plan to Re-Link a Neighborhood That Robert Moses Divided, Bloomberg, 2024.
https://www.bloomberg.com/news/articles/2024-10-16/new-rochelle-plans-to-revive-black-generational-wealth-disrupted-by-a-highway

Kochhar, Rakesh, The State of the American Middle Class: Who is in it and key trends from 1970 to 2023, Pew Research Center, 2024.
https://www.pewresearch.org/2024/05/31/the-state-of-the-american-middle-class/

Konotey-Ahulu, Olivia and Demetrios Pogkas, How London Lost Its Place at the

Heart of Black Britain, Bloomberg, 2023.

https://www.bloomberg.com/graphics/2023-london-black-population-england-census

Letchworth Garden City Heritage Foundation, A View of Life in Letchworth Today, 2018.

https://www.letchworth.com/

London School of Economics and Political Science, Charles Booth's London, 2016.

https://booth.lse.ac.uk/

New York State, 80/20 Housing Program, 2011.

http://www.nyshcr.org/Topics/Developers/MultifamilyDevelopment/8020HousingProgram.htm

Peckham, Wikipedia.

https://en.wikipedia.org/wiki/Peckham

Peckham Levels.

https://peckhamlevels.org/

Penzel, Marc and Lisa Katz, Driving Forward: Detroit Rises as a Leading Startup Ecosystem, 2024.

https://startupgenome.com/articles/driving-forward-detroit-continues-to-rise-as-a-leading-startup-ecosystem

The Platform

https://www.theplatform.city/

Reynolds, Laura, The Best of Peckham in Photos, 2016.

https://londonist.com/2016/03/the-best-of-peckham-in-photos

Rosenberg 2018, Gentrification in NYC.

https://eportfolios.macaulay.cuny.edu/genyc/

Shimoda, Hirokazu, Tomotaka Inoue, Toshihiko Mori, and Masayuki Kimura, Silicon Valley D-Lab Project: Mobility Innovation, v1.3, 経済産業省, 2018.

www.meti.go.jp/policy/mono_info_service/mono/sokeizai/SiliconValleyD-Lab_Report_e.pdf

Titanium Ventures, Tech's Great Migration: Insights to Emerging Tech Hubs Across the U.S, 2022.

https://telstraventures.com/techs-great-migration/

United Nations, World Urbanization Prospects: The 2018 Revision.

https://population.un.org/wup/

University of Pittsburgh, Eds & Meds Thrive in Former Steel City, 2012.
https://www.225.pitt.edu/story/eds-meds-thrive-former-steel-city

U.S. Bureau of Labor Statistics.
https://www.bls.gov/

Williams, Candice, The Platform Begins Work on $38.2 Million Piquette Flats Project in Detroit, The Detroit News, 2023.
https://www.detroitnews.com/story/business/2023/05/02/the-platform-begins-work-on-38-2-million-piquette-flats-project-in-detroit/70174184007/

## Web 参考資料（和文）

Abe, Temma、シリコンバレー離れは進んでいるのか？（そもそもシリコンバレーって？）、Coral、2021.
https://coralcap.co/2021/05/silicon-valley-exodus/

Abuelsamid, Sam、フォードが運転支援システム企業「Latitude AI」を設立した理由、フォーブスジャパン、2023.
https://forbesjapan.com/articles/detail/61375

Act House、幻想か、現実か。シリコンバレーが大変なことになっている。、2015.
https://acthouse.net/column/siliconvalley/

American Center Japan、米国の地理の概要：米国製造業の中心地域.
https://americancenterjapan.com/aboutusa/translations/3509/

BBC News Japan、米ニューヨーク地下鉄駅で無賃乗車の男性に警官が発砲、流れ弾が近くの人の頭に当たり重体、2024.
https://www.bbc.com/japanese/articles/cjr34qqpe8ro

Garfield, Leanna、地図で見るアメリカの所得格差：大都市圏への富の集中が進む、Business Insider、2018.
https://www.businessinsider.jp/post-163458

GAZOO、〈自動車人物伝〉ヘンリー・フォード（1896年）、2015.
https://gazoo.com/feature/gazoo-museum/car-history/15/09/11_1/

Inoue, Elie、犯罪多発地区から旬なスポットに：ロンドンのペッカムが面白い、WWD Japan、2019.
https://www.wwdjapan.com/articles/990589

Inoue, Elie、危険エリアから最もホットな地区へ大変貌！　感度の高い人々が集ま

る"ペッカム"がアツい：ロンドンの旅 vol. 3、Fashion Headline、2020.

  https://www.fashion-headline.com/article/24799

iPhone Mania、Apple のカリフォルニア住宅供給プロジェクト、400億円を拠出中、2020.

  https://iphone-mania.jp/news-301089/

Japan ニュース倶楽部、イメージが変わりつつある デトロイト、2019.

  https://www.japannewsclub.com/2019/08/news/featured/イメージが変わりつつある-デトロイト/

Kawasaki Robotics, 2018.

  robotics.kawasaki.com/ja1/anniversary/history/history_03.html

Life-Tech KOBE.

  https://life-techkobe.smartkobe-portal.com/

市嶋洋平、エバーノート創業者「もはやシリコンバレーにいる必然性はない」、日経ビジネス、2021.

  https://business.nikkei.com/atcl/gen/19/00339/081700002/

ウォード涼子、ロンドンの"地域おこし"にも貢献！？　異色のコワーキングスペース、ペッカム・レベルズを紹介、東京エスク、2018.

  https://tokyoesque.com/peckham-levels/

カナリー・ワーフ、ウィキペディア.

  https://ja.wikipedia.org/wiki/カナリー・ワーフ

木村駿、GAFA の「罪滅ぼし」で注目のアフォーダブル住宅、商機を嗅ぎ付け起業続々、日経クロステック、2021.

  https://xtech.nikkei.com/atcl/nxt/column/18/00138/011100708/

厚生労働省、女性活躍推進法への取組状況　「プラチナえるぼし」認定企業一覧（令和 6 年11月末現在）.

  https://www.mhlw.go.jp/stf/seisakunitsuite/bunya/0000129028.html

神戸医療産業都市.

  https://www.fbri-kobe.org/kbic/

在ニューヨーク日本国総領事館、防犯・生活安全対策.

  https://www.ny.us.emb-japan.go.jp/jp/j5/01.html

佐久間裕美子、破産を乗り越えて「再生」へ向かう都市、デトロイトの現在：新たな文化の誕生と、立ちはだかる課題、Wired Japan、2018.

  https://wired.jp/2018/02/03/detroit-shinola/

下野新聞、再生へ一翼担う LRT　交通手段多様化で活力、2019.

　　https://www.shimotsuke.co.jp/articles/-/183571

首都高速道路株式会社、首都高速道路日本橋区間地下化事業.

　　https://www.shutoko.jp/ss/nihonbashi-tikaka/

杉本貴司、シン・デトロイト　100年秩序に「破壊者」たちの挑戦状、日経産業新聞、2023.

　　https://www.nikkei.com/prime/mobility/article/DGXZQODK253TY0V21C22A2000000

大東建託、街の住みここちランキング2023　都道府県ランキング〈全国版〉.

　　https://www.eheya.net/sumicoco/2023/ranking/zenkoku/sumicoco_area_pref.html

地域からジェンダー平等研究会、2024.

　　https://digital.kyodonews.jp/gender-equality/

デンソー、ピッツバーグにオープンイノベーション拠点を開設、2020.

　　https://www.denso.com/jp/ja/news/newsroom/2020/20200805-01/

堂本かおる、かつてニューヨーク最大のラティーノの街、スパニッシュ・ハーレムを歩く、朝日新聞 GLOBE+、2020.1.24.

　　https://globe.asahi.com/article/13053290

堂本かおる、ハーレム＝黒人の街、は昔の話　再開発で移り住んだ新住民を訪ねた、朝日新聞 GLOBE+、2020.2.23.

　　https://globe.asahi.com/article/13141211

堂本かおる、NEW YORK ハーレムの粋、vol. 1-vol. 3、スカイワードプラス、2020.

　　https://skywardplus.jal.co.jp/gate/newyork_harlem_ties01/

　　https://skywardplus.jal.co.jp/gate/newyork_harlem_ties02/

　　https://skywardplus.jal.co.jp/gate/newyork_harlem_ties03/

長野雅俊、ロンドンの一等地を握る英国貴族4つの名家、英国ニュースダイジェスト、vol. 1553、2020.

　　https://www.news-digest.co.uk/news/features/2766-four-distinguished-families-in-london.html

ナショナルジオグラフィック、ニューヨークがハリケーンに弱い理由、2012.

　　https://natgeo.nikkeibp.co.jp/nng/article/news/14/6996/

ナン，ライアン、ジェイ・シャンボー、年収1300万円でも「低所得」　米サンフラ

ンシスコの実情、BBC、2018.

https://www.bbc.com/japanese/features-and-analysis-44780348

日本貿易振興機構、米 NY 市マンハッタンの 4 月賃料3,870ドル、3 カ月連続で過
去最高を更新、政権は住宅支援を急ぐ、2022.

https://www.jetro.go.jp/biznews/2022/05/94a8bf8ba70722cc.html

野口悠紀雄、日本の 1 人当たり GDP を大きく下げた「真犯人」：大規模緩和から
の政策転換を日本再生の第一歩に、東洋経済オンライン、2023.

https://toyokeizai.net/articles/-/644005?display=b

廣谷徹、ロンドン五輪　東京五輪への教訓、2019.

https://blog.goo.ne.jp/imssr_media_2015/e/65941ac7f422d850ec668928efdf1c03

ファインマン，ハワード、衰退デトロイトはこの都市に学べ、ニューズウィーク、
2009.

https://www.newsweekjapan.jp/stories/us/2009/06/post-194.php

ブランド総合研究所、第 5 回地域版 SDGs 調査2023、2023a.

https://news.tiiki.jp/articles/4851

ブランド総合研究所、地域ブランド調査2023：都道府県の魅力度等調査結果、
2023b.

https://news.tiiki.jp/articles/4854

ペリー・ジャパン株式会社、2012年ロンドンオリンピック（夏季）選手村.

https://www.peri.co.jp/projects/olympic-village-2012-summer-olympics-in-
london.html#shiji-xiezhen-

ペンシルバニア州地域振興・経済開発局　日本投資事務所.

https://pa-japan.org/

ボーイング ジャパン、ボーイング、日本に研究開発拠点を開設、2024.

https://www.boeing.jp/press-releases/2024/boeing-opens-r-and-d-center-in-
japan

防災科学技術研究所、地震ハザードステーション.

https://www.j-shis.bosai.go.jp/map/

細谷元、アマゾンが低価格住宅を提供、イーロン・マスクも「プレハブ住まい」と
噂の新潮流、ビジネス＋IT、2022.

https://www.sbbit.jp/article/cont1/91335

松本知彦、ロンドン宿泊 1　イーストエンドとウェストエンドの違い、2014.

（dig, 談話室松本．https://dig.co.jp/blog/danwashitsu/）

ライトハウス・ロサンゼルス、いま注目のアメリカ・テキサスってどんなところ？、
2017.

https://www.us-lighthouse.com/life/culture/texas2017.html

リンジマン，ジェイク、斜陽デトロイトは「デジタル」で蘇る：先端技術の集積拠
点として台頭、ニューズウィーク、2023.

https://www.newsweekjapan.jp/stories/business/2023/03/post-101043.php

ロンドンにいた原田、ロンドンのスラムに住んでみた、2017.

https://medicpress-harada.hatenablog.com/entry/2017/08/31/ロンドンでスラ
ムに住んでみた

割れ窓理論、ウィキペディア.

https://ja.wikipedia.org/wiki/割れ窓理論

## 映像資料

NHK、世界ふれあい街歩き　クイーンズ、2015.

ティルナー，マット（監督）、ジェイン・ジェイコブズ　ニューヨーク都市計画革
命、ポニーキャニオン、2019.

# 索　引

## 数字・アルファベット

80/20 Housing Program　30
Alonso-Muth モデル　10，32，139，145
BID（business improvement district）9
CASE　67，79
CBD（Central Business District）139
CPTED　22
Defensible Space　21
Eds and Meds　→　エッズ＆メッズ
EV　109，130
FTE 部門　11，63，87
gentrifier　61
IT（産業）　32，47，65，79，132
LGBTQ　6
Life-Tech KOBE　135
Mcity　→　エムシティ
Muth の条件　141
Regional Plan Association（RPA）18，29
RPAA　26
STATION Ai　132
Strategy 21　82
Q ライン　105

## あ　行

新しい中間層　60

アフォーダブル住宅　55，67，107
アメリカ広域計画協会　→　RPAA
アメリカン・センター・フォー・モビリティ（ACM）110
イーストエンド　45
イースト・ビレッジ　55
インナーシティ問題　4，15，31，103
ウィリアムズバーグ　33
エッズ＆メッズ（Eds and Meds）　87
エベネザー・ハワード　→　ハワード，エベネザー
エムシティ（Mcity）　112
エンパワーメント・ゾーン・プログラム　8，36，43，147
オークランド地区　85
オーバーツーリズム　60
オリンピック・スタディアム　54

## か　行

学生街区化　59
カナリーワーフ　52
カーネギーメロン大学　85
ギルバート，ダン　106
クラレンス・スタイン　→　スタイン，クラレンス
クリアランス　→　スラムクリアランス
グレイザー，エドワード　104
クロチェッタ地区　57

ゲデス，パトリック　26
神戸医療産業都市構想　135
コミュニティ・ガーデン　10
コワーキングスペース　50

## さ　行

サニーサイド・ガーデンズ　26
サン・サルヴォリオ地区　59
ジェイコブズ，ジェイン　8，15，20，
　58
ジェイン・ジェイコブズ　→　ジェイ
　コブズ，ジェイン
ジェンダーギャップ指数　126，134，
　135
ジェントリフィケーション
　（gentrification）　3，34，43，45，
　73，144，147
自動運転　67，85，131
ジニ係数　148
集積の経済　23，73，89
首都移転計画　137
ジュリアーニ，ルドルフ　8，38
女性活躍推進法　126
シリコンアレー　32
シリコンバレー　63，65，79
シリコン・ラウンドアバウト　47
ズーキン，シャロン　8，9，30
スクオッター　5，8
スタイン，クラレンス　26
スタートアップ（企業）　32，47，72，
　85，132
ストラットフォードシティ　54
ストリートアート　46
スーパーブロック　21
住み分け　32，58，96，143

スラムクリアランス　5，15，58
セレンディピティ（serendipity）　76
ソーホー　11，32

## た　行

第1次地域計画　18
多文化共生　15
タワーマンション　136
ダン・ギルバート　→　ギルバート，
　ダン
チャールズ・ブース　→　ブース，チ
　ャールズ
チューリング　119
付け値地代　139
デトロイト　99
テナメント　31
田園都市（論）　16，26
東京一極集中　13，121
トリノ　56

## は　行

ハイライン　22
パークスロープ　5
パトリック・ゲデス　→　ゲデス，パ
　トリック
ハーレム　36
ハワード，エベネザー　26
バンクシー　46
比較優位　11，31，63，79，134
東ロンドン　→　イーストエンド
ビッグ・ディグ　19
ピッツバーグ　80
ピッツバーグ大学　87
ピープルムーバー　104

フィルタリング理論（filtering theory） 7，150
フェイス・ツー・フェイス・コミュニケーション 77
フォーディズム 11，29，56
フォード，ヘンリー 100
ブース，チャールズ 45
ブラウンストーン 6
プラチナえるぽし 126，134
フランク・ロイド・ライト → ライト，フランク・ロイド
プルーイット・アイゴー 22，32
ペッカム 50
ベンチャー企業 50
ヘンリー・フォード → フォード，ヘンリー
貿易摩擦 11
ホワイト・フライト（white flight） 5，101

## ま 行

マンフォード，ルイス 16，23，26
ミノル・ヤマサキ → ヤマサキ，ミノル
モーゼス，ロバート 7，16
モーター・シティ 101，105
モータリゼーション 17
持ち家 5，59

## や 行

ヤッピー 33
ヤマサキ，ミノル 23
誘発需要 28

## ら 行

ライト，フランク・ロイド 26
ライフサイエンス 87，135
ラストベルト 11，63，79
ラドバーン 26，31
ランドバンク 107
料理 6
リンチ，ケヴィン 19
ルイス・マンフォード → マンフォード，ルイス
ル・コルビュジエ 23，27
ルドルフ・ジュリアーニ → ジュリアーニ，ルドルフ
ルネッサンス・センター 104
レッチワース 30
ロウアー・マンハッタン 32
ロウアー・マンハッタン高速道路（ローメックス） 23
ロバート・モーゼス → モーゼス，ロバート
　　——のパラドックス 29
ロボティクス 85，87
ローメックス → ロウアー・マンハッタン高速道路
ロンドン貧困地図 45，50

## わ 行

ワーキング・ホームレス 67，150
ワシントンスクエア公園 23
ワールド・トレード・センター 23
割れ窓理論 8

●著者紹介

黒田達朗（くろだ・たつあき）

1955年福島県生まれ。1989年ペンシルベニア大学大学院博士課程修了（Ph. D.）。京都大学経済研究所助手、名古屋大学大学院環境学研究科教授、椙山女学園大学現代マネジメント学部教授等を経て、現在、名古屋大学名誉教授。専攻：都市・地域経済学、応用ミクロ経済学、公共経済学、経済政策。

著書：『都市と地域の経済学 新版』（共著、有斐閣ブックス、2008年）、『都市・地域の経済学』（共訳、フィリップ・マッカン著、日本評論社、2008年）ほか。


公益社団法人 日本交通政策研究会

代表理事　山内弘隆・原田　昇
所在地　〒102-0073　千代田区九段北1-12-6　守住ビル
　　　　電話　03-3263-1945（代表）
　　　　FAX　03-3234-4593
○日交研シリーズ、その他、研究会についてのお問い合わせは上記におねがいします。

日本交通政策研究会研究双書38
都市の衰退と再生


2025年3月31日　第1版第1刷発行

著　者——黒田達朗
発行所——株式会社日本評論社
　　　　　〒170-8474　東京都豊島区南大塚3-12-4
　　　　　電話　03-3987-8621（販売）　03-3987-8595（編集）
　　　　　https://www.nippyo.co.jp/　振替　00100-3-16
印刷所——精文堂印刷株式会社
製本所——株式会社難波製本
装　幀——図工ファイブ

検印省略 © Tatsuaki Kuroda 2025
落丁・乱丁本はお取替えいたします。
Printed in Japan
ISBN978-4-535-54103-0

JCOPY 〈（社）出版者著作権管理機構 委託出版物〉
本書の無断複写は著作権法上での例外を除き禁じられています。複写される場合は、そのつど事前に、（社）出版者著作権管理機構（電話 03-5244-5088、FAX 03-5244-5089、e-mail：info@jcopy.or.jp）の許諾を得てください。また、本書を代行業者等の第三者に依頼してスキャニング等の行為によりデジタル化することは、個人の家庭内の利用であっても、一切認められておりません。